たった一通の手紙が、人生を変える

水野敬也

本書は、誰もが日常的に扱《あつか》えるものなのに、そこに秘められた大きな可能性にはほとんどの人が気づいていない、ある分野に関する技術を体系化してまとめたものです。

その分野は、「手紙」です。

この言葉を聞いて、「手紙なんかに一体どんな可能性があるというのだろう?」と疑問に思う人がほとんどでしょうし、何よりも私自身が、手紙とは単に儀礼的な場面で送るものだと考えていました。

その認識が一変することになったのは、処女作の本を出版したときです。

当時、自分の本を出したいと考えていた私は、企画を考えては出版社に持ち込んでいましたが、ことごとく門前払いされていました。そして、20社以上の出版社に断られたあと、ようやく企画を通すことができました。こうして本の出版が決まってからは夢中で作業を進めていたのですが、本が完成し、いよいよ出版の日が近づいてくると、

「無名の新人がいきなり本を出して売れるほど甘くない」

という現実と向き合わねばならなくなりました。私はこのとき初めて知ったのですが、出版社は無名の著者の本は発行部数を少なくし、広告費を使わないのが通例だったのです。

そこで、編集者や共著者たちと話し合ったところ、「著名人に本を推薦《すいせん》してもらえない

だろうか」という案が出ました。そこで、本を推薦してもらいたい人に、本とともに直筆の手紙を送ることにしたのです。

このとき、私は生まれて初めて「手紙」というものに本気で取り組みました。下書きした手紙の内容を何度も吟味し、時に痛烈に批判し合い、長い時間をかけて仕上げていきました。それは、本を書く以上に真剣な作業だったと言っても過言ではありません。

もちろん、この手紙がすべての決め手ではなかったと思います。本の内容を気に入っていただけたり、手紙を渡す際に協力してくださった方のお力添えもありました。しかし、無名だった私たちの作品が著名な方たちから推薦をいただけたのは、この手紙無くしてはあり得なかったと思います。

こうして、処女作『ウケる技術』はベストセラーになりました。

しかしこの経験は、本が売れたこと以上の価値を私にもたらしてくれました。この経験を通して「手紙」の持つ可能性に気づいた私は、直筆の手紙を書くという習慣を持ち、「どうすれば人の心をつかむ手紙を書くことができるのか」ということを、日々研究するようになったのです。

その結果、通常であれば決して会うことができない人とお会いでき、一緒に仕事をする機会に恵まれたり、丁寧なお礼状を書くことで、多くの人に応援していただけたりするようになりました。また、仕事で失敗して大きな迷惑をかけてしまったときも、謝罪の手紙を送ることで、失敗をする前よりも深い関係になることができました。

それ以外にも、何年も連絡を取っていなかった恩師に手紙を送って感動してもらえたり、疎遠になってしまった初恋の人や、些細《ささい》なことでケンカをして仲違《なかたが》いをしていた昔の友人など、手紙を書く習慣がなければ一生会わずに終わってしまったであろう人たちに会い、会話を交わすことができました。手紙という習慣を身につけたことで、それまでは想像もつかなかった、新しい形の人間関係を築くことができたのです。

そして、これだけでも十分に手紙の恩恵を受けているのですが、さらにもう一つ、直筆の手紙を出すことで経験できた素晴らしい出来事がありました。

それは、

多くの人から直筆の返信がもらえた

ということです。

そして、ときには著名な方たちが、わざわざ直筆で返信をくれたこともありました。そしてその方たちの書く手紙は、この場で紹介できないのが口惜しいほどに、サービス精神にあふれた内容だったのです。

「多忙を極めている人たちが、どうしてわざわざ時間を割いて直筆の手紙を書いてくれたのだろう」

この疑問に対する答えはいくつか考えられるでしょう。たとえば、直筆の手紙を書くという「ひと手間」を惜しまない人だからこそ、仕事で結果を出し続けられるということが言えるかもしれません。

ただ、手紙の返信をいただいたときに思ったのは、もしかしたら、彼・彼女らは、まだ実績を持たない頃から、私と同様に、誰かに対して直筆の手紙を書いてきたのではないか、ということです。

通常では会えない人にコンタクトを取りたいと考えたとき、必然的に直筆の手紙という方法が思い浮かびます。それは最も丁寧な連絡の取り方であり、かつ、こちらのメッセージを集中して読んでもらえるからです。

しかし、直筆の手紙を書くのはかなりの神経を使う、労力のかかる行為です。下書きを何度も直し、さらに清書する際には、一文字間違えてしまっても最初から書き直す必要があります。

そして、そういう苦労を知っている人たちだからこそ、私の書いた手紙に対しても、温かい対応をしてくれたように思うのです。

こうして様々な人たちと手紙を交わすことができた私は、そこでのやりとりを通して他者への気遣いやサービスの本質を学ぶことができました。

――このように、直筆の手紙を書くという習慣は、私の考え方や生き方に深く影響を及ぼし、人生を変えてしまうほどの力があったと（大げさな話ではなく）感じています。

しかし、こうした手紙の持つ力は、ほとんどの人に知られていません。

その理由は、まず第一に、これまでの「手紙の書き方」は、単に儀礼的な内容に留まり、相手の心をつかむ文章の技術が解明されてこなかったからです。そしてもう一つの理由は、手紙という分野が完全にプライベートなものだからでしょう。

個人的に受け取った手紙を公表するのは相手に失礼ですし、手紙を送る側になったときも、受け手以外の人に見てほしいものではありません。太宰治が芥川賞の選考委員である佐藤春夫に送った「芥川賞が欲しい」と懇願した手紙は有名ですが、公表されたのは太宰治の死後であり、また太宰自身も決して他の人には見てもらいたくなかったはずです。

しかしこれは、裏を返せば、「人生を変える手段としての手紙」のノウハウは、暗黙知として世に伝えられてこなかったことを意味します。

そして、その、誰にも知られてこなかった「手紙の書き方」を、誰にでも習得可能な形で明らかにしたのが本書です。

もちろん、人生を変えるなどという大振りな結果を望んでいない人も、本書を読んで実践することで、相手の気持ちをつかむ「年賀状」や「暑中・残暑見舞い」、「お中元のお礼状」を書くことができるようになります。また、就職の際の「自己推薦書」や「謝罪の手紙」など、ビジネスシーンでも大いに力を発揮するでしょう。加えて本書では、手紙を書く基礎能力を磨くためにメールの文面も扱うので、SNSやメール、ブログ、セールスレターなどにおける「文章力」を底上げすることもできます。

そして何より、「手紙」の技術を知るということは、相手への気遣いやサービスを学ぶということでもあります。

相手と直接行われる生のコミュニケーションは、スピードが速く、記録をしておく手段も限られているので能力を向上させることはなかなかに困難です。しかし、手紙という「文字」に置き換えることによって、コミュニケーションにおいて何が重要なのかを自覚的に学ぶことができます。つまり本書は、表向きとしては手紙の書き方を記していますが、文章の技術はもちろんのこと、相手への気遣いやサービスの本質を学ぶための本だと言うことができるでしょう。

そして、最後にもう一つ、直筆の手紙には隠された大きな力があるのですが——それをここで言ってしまうより、本書の第十二章「感謝の手紙の書き方」を見ていただきたいと思います。私自身の経験を踏まえつつ、詳しくお伝えしていきます。

——このように、これまで何気なく扱っていた「手紙」は、本書を読むことで、あなたの考え方や生き方に深く影響を及ぼす最高のツールとして成長するでしょう。

本書があなたの手紙の技術を向上させ、素晴らしい人間関係を築き、豊かで充実した人生を送るきっかけになることを心より願っています。

水野敬也

もくじ

第0章

『お世話になった人へのお礼状』

文章を書く上で一番大切なこと

本書では、様々な場面における手紙の技術を紹介していきますが、まず最初に、手紙をはじめとするすべての「文章」を書く上で、最も重要な考え方についてお伝えしたいと思います。

それでは、次の例文をご覧ください。会社を移ることになった先輩(遠藤さん)への送別の手紙です。

拝啓　この三年間、遠藤さんの下で仕事について勉強させていただき感謝しています。新しい職場に行かれてからも、公私にわたり益々《ますます》ご活躍されますようお祈りします。

ありがとうございました。

敬具

送別の手紙は職場での最後のコミュニケーションであり、今後の自分の印象を決める大事な役割があります。また、お世話になった人への「お礼状」や「感謝状」でもあるの

で、この手紙で学ぶことは様々な場面に応用できるでしょう。

では、手紙の内容について見ていきますが、先ほどの例文を読んであなたはどんな印象を持ったでしょうか。ここで少し時間を取って、例文に対する具体的な感想を考えてみましょう。

・・・例文の良いところ

・・・例文の良くないところ（もっと良くなるところ）

さて、感想をじっくり考えた人も、飛ばして先へ進んでしまった人もいると思いますが──今考えてもらった「感想」こそが、文章を書く力を左右すると言っても過言ではありません。

その理由を、順を追って説明していきましょう。

まず、手紙をはじめとした文章上のコミュニケーションには、通常の会話と比べて決定的に違う点があります。それは、

相手に読ませる前に、どれだけ修正しても良い

ということです。通常の会話では、一度言った言葉を撤回するのは不可能ですが（仮に「今のは失言でした……」と言い直したとしても完全に無かったことにすることはできません）、文章に関しては、相手がその文章を読む前であれば、何度修正してもかまわないのです。

そして、この文章コミュニケーションの持つ特性を最大限に生かすとするなら、良い文章を書くための方法は、

その文章のどこを直せば良いかという「課題」を見つけること

に集約されます。課題さえ見つけることができれば、あとは時間をかけながらでも直していけば、必ず内容は良くなり、文章を書く技術も向上していくからです。

では、どうすれば、自分が書いた文章の「課題」を見つけることができるのでしょうか？

それは、大きく分けて次の二通りの方法があります。

Ａ　自分で課題を発見する
Ｂ　人に見せて、課題を指摘してもらう

Aの「自分で発見する」については後ほど解説しますので、ここでは先に、Bの「人に見せて、課題を指摘してもらう」を見ていきましょう。

ちなみに例文の手紙を見たとき、良くない点が一つか二つ、すぐに思い浮かんだ人もいると思います。というのも、人の書いた文章に対しては誰もが客観的な視点を持つことができるからです。しかし、これが自分の書いた文章となると、途端に課題を見つけることが難しくなります。

そこで、良い文章を書くための重要な作業は、自分で書いた文章を

相手に見せる前に、誰かに読んでもらう

ことです。

これは非常にシンプルな方法ですが、効果は絶大です。

しかし実践している人は、ほとんどいません。

その理由は、多くの人が、自分の書いた文章を人に見せるのは「恥ずかしい」「面倒だ」と感じるからです。しかしこれは裏を返せば、文章を書くプロセスにこの作業を組み込むだけで、他の人よりも良い書き手になれるということです。

ただ、誰かに文章を読んでもらい、課題を指摘してもらえたにもかかわらず、文章を直さない人も大勢います。場合によっては、いかにその指摘が間違っているかを主張したりします。

この状態に陥《おちい》ってしまう理由は、自分の文章に対する指摘が、あたかも自分の能力や人格を批判されたようにとらえてしまうからでしょう。しかし、こうした姿勢では、「どれ

だけ直しても良い」という文章の最大の特性を生かせなくなります。

自分の書いた文章と、自分自身を切り離して考えるようにしてください。目の前の文章は、確かに自分が書いたものではありますが、同時に、「相手を喜ばせる」という目的を持っています。そのためには、いったん自分と文章を切り離し、変化、改良させていかなければなりません。小説家の村上春樹さんも、出版前の原稿を人に見せたとき「けちをつけられた部分があれば、何はともあれ書き直す」ことを個人的なルールとしているそうです。

「人の指摘は受け入れて、まず直してみる」——これは、文章を書く上で非常に重要な姿勢であることを覚えておきましょう。

それでは次に、Aの「自分で課題を発見する」について考えてみます。

よく、「文章能力の高い人は自意識過剰である場合が多い」と言われます。自意識過剰の人は、他人から自分がどう見られているかを過剰に意識する性格なので、文章においても、「こんなことを書いたら、人からこういう風に思われるんじゃないだろうか……」「もしかしたらこういう風に誤解されるかもしれない……」などと不安になる傾向があるので、より精度の高い文章が書けるというわけです。

つまり、自意識過剰の人は、

人に見せる前に、自分の文章の課題を見つける癖がついている

ということができます。

やはりここでも、文章力とは「課題を見つけ、直す力」に集約されるのであって、その課題は自分で見つけても、誰かに見つけてもらっても問題ありません。ただ、やはり自分の文章に対して客観的な視点を持つのは非常に難しいので、人に見せて意見をもらう姿勢を大事にしてください。

それでは改めて、先ほどの例文を見てみましょう。

『お世話になった人へのお礼状』

拝啓　この三年間、遠藤さんの下で仕事について勉強させていただき感謝しています。新しい職場に行かれてからも、公私にわたり益々ご活躍されますようお祈りします。

ありがとうございました。

敬具

ちなみにこの手紙ですが、実は、書店で見かける「手紙の書き方」や、ウェブサイトの「手紙の文例集」で、ほぼ同じ文章が載っています。礼儀正しく、言葉遣いは問題ありません。その意味で、この手紙の「良いところ」は、

・礼儀正しい
・文法や言葉遣いが正しい

などを挙げることができるでしょう。

しかし、本書はあくまで「相手の心をつかむ手紙を書く」という立場に立っており、この手紙では不十分だと考えます。優れた手紙には、相手を深く感動させ、自分への評価を大きく高めてくれる効果があるからです。

それではこれから、例文の「課題」を明らかにしていきますが、もしあなたが職場を移ることになったとき、後輩から例文のような手紙を受け取ったとしたら、まず、次のような感想を持つのではないでしょうか。

「形式ばっていて、どこかで見たことがあるような文章だ」

そして、これこそが例文の手紙における重要な「課題」です。

礼儀としては正しい。しかし、どこかで見たことがあるような文章です。その理由は、この文章はインターネットで調べればすぐに出てくる定型文（テンプレート）だからです。こうした定型文をそのままなぞって書いてしまうと、相手からは「労力を惜しんだ手紙」――つまり、自分を尊重してくれていない手紙だと解釈されます。表面上は礼儀正しいかもしれませんが、本質的な礼儀を欠いた手紙だと言えるでしょう。

この課題をどうすれば解消できるでしょうか？

そのためには、この手紙が抱える課題をもう少し具体的に見ていく必要があります。次に、この手紙の課題を書き出しますので、先ほど考えた自分の感想と照らし合わせてみてください。

この手紙の良くないところ（もっと良くなるところ）

- 形式ばった、よくある形の文章で人間味がない
- 相手への感謝の言葉が抽象的で、あいまいである
- 文章が短いので気持ちがこもっていないように見える

もちろん、ここに挙げたもの以外の課題を指摘した人もいるかと思われますが、一般的に受け手が感じる問題点はこのあたりだと推測されます。これらの課題を、まず、手紙を出す前に見つけることが重要です。手紙の下書きを誰かに読んでもらって、課題を指摘してもらいましょう。

では、今から、これらの課題をクリアする文章を考えていきます。

まず、最初の課題は

・形式ばった、よくある形の文章で人間味がない

でした。

これは、多くの人が直筆の手紙を書く際にやってしまいがちなことであり、裏を返せば、この課題をクリアできれば、他の人とは違う、相手の心をつかむ手紙を書くことができるということです。

しかし、単に礼儀正しさを無くせば良いのかというと、そういうわけではありません。次の文章をご覧ください。

拝啓　遠藤先輩、三年間お世話になりました。遠藤先輩がいなくなると何が悲しいかって、忘年会のカラオケで毎年披露してもらっている桑田佳祐のモノマネが聞けなくなることです！　会社が変わっても忘年会はモノマネしに来てくださいね！

敬具

――もちろん手紙の書き手と遠藤さんとの関係性にもよりますが、送別という場面でこのような、ふざけているだけの手紙を送ってしまうと

「礼儀が分かっていない適当なやつだ」

と思われてしまうでしょう。

先ほど、礼儀正しいだけの文章では相手の心をつかめないという「課題」を見つけました。では、今度はくだけた文章を書けばいいのかというと、そこにもまた違う「課題」――相手に不信感を抱かせてしまう――が生まれます。

つまり、礼儀正しさは守りつつも、定型文ではない手紙を書くにはどうすればいいかを考える必要があり、こうした葛藤を乗り越えていくことで、文章能力は向上していくのです。

それではこの問題をクリアするために、二つ目の課題、

・相手への感謝の言葉が抽象的で、あいまいである

を見てみましょう。

例文の手紙では、相手に対して感謝を伝えている文面は、次の一行でした。

この三年間、遠藤さんの下で仕事について勉強させていただき感謝しています。

この一文の中で「感謝している」と書いてはいますが、本当に感謝の気持ちを持っているのかが伝わってきません。また、相手に感謝したり、相手からしてもらったことに感動した気持ちを伝えることは、お礼状だけでなく様々な場面で重要になるので、ここで詳しく見てみましょう。

相手に「感謝・感動」を伝えるときのポイントは、次の二つになります。

・具体的であること

・本音であること

順に見ていきましょう。

「具体的であること」

これは基本的なことですが、最も重要なことです。「感謝・感動」の気持ちを伝える際には、内容をできるかぎり「具体的」にしてください。

その理由は、手紙で「感謝しています」と言ったとしても、

(この人はお世辞で言っているのではないか?)

(適当なことを言って喜ばせようとしているのではないか?)

と思われる可能性があるからです。

お礼状を書いている時点で、「相手を喜ばせたい」というこちらの目的が相手に伝わってしまっているので、それを乗り越えて「この人は、本音でそう思ってくれているんだな」と感じてもらう必要があります。

そのことを念頭に、次の二つの文章を見比べてください。

Ａ　この三年間、遠藤さんの下で仕事について勉強させていただき感謝しています。

Ｂ　三年前に遠藤さんと同じ部署に来るまで、私は社内の成績はあまり良い方ではありませんでした。それが今、一つのプロジェクトを任されるまでになれたのは、遠藤さんのご指導のお陰です。特に、私がお客様のデータを誤って消去してしまい一緒に謝罪に行ってくださったとき、「仕事とは言葉ではなく行動で示すものだ」ということの意味を学ばせていただきました。

Ｂの方が、「本当に感謝している」気持ちが伝わってくるはずです。

しかし、ただ単に具体的であれば良いかというと、そういうわけでもありません。というのも、具体的に書いたとしても、手紙の書き手が本音で思っていないことは相手に違和感を抱かせてしまうからです。

たとえば例文では、「社内の成績はあまり良い方ではなかった」と書いてありますが、これが事実でないと、相手には「自分を喜ばせようとしてウソを言っているんだな」と解釈され信用が失われてしまいます。

人は、ウソに対して非常に敏感です。そこで、「感謝・感動」を伝えるときは次のことを守ってください。

「本音であること」

よく、コミュニケーションの技術を駆使する人が陥りがちな、間違った考えとして、

×「表面的なテクニックを学べば、内面を磨く必要はない」

というものがあります。

しかし、こうした考え方は、一見効率が良いように見えますが、非常にリスクがあり、また、実は**効率も悪い**のです。

たとえば今回の手紙で、内心は遠藤さんに感謝していないのに、とりあえず今後の関係もあるからという理由でテクニックだけで文章を作った場合、

「内容がウソであることが伝わってしまうリスク」

に加えて

「本音を隠した文章を書かなければならない難しさ」

が存在します。

しかし、相手に本音で感謝していれば、自分の気持ちをそのまま文字に落としていくだけで良いのです。

つまり、相手の心をつかむ手紙を書くための一番良い方法は、実際に相手に対して「感謝・感動」の気持ちを持っていることであり、その気持ちをより多く持てる人が、良い手紙の書き手になれると言えるでしょう。

では、どうすれば、より多くの「感謝・感動」の気持ちを持つことができるでしょうか？

この点に関しては様々なアプローチがありますが、一つ効果的な方法を挙げるとしたら、

実生活で、今まで自分が経験してこなかった立場を経験してみる

ということです。

たとえば、現在のあなたは目上の人に好かれやすいタイプで、多くの先輩たちから可愛がられているとしましょう。しかし自分の立場が「後輩」に固定されていると、違う立場の人の気持ちを感じることが難しくなります。そこで、今とは逆の立場――後輩を作り「先輩」になってみると、後輩は仕事で知らないことが多くて色々教えなければならない

面倒さや、ご飯を食べるとき奢《おご》るケースが多くなったりなど……様々な苦労を経験することになります。

そして、もしこうした経験があったら、今回の手紙でも遠藤さんに対して「勉強になりました」という一言で片づけず、

「仕事がお忙しいにもかかわらず、私の指導に時間を割いていただいてありがとうございました」

という感謝の言葉が出てくるかもしれません。

それでは今から、一通の手紙をご紹介します。

これは歌手の美空ひばり（※本書では故人の敬称を略させていただきます）が、結婚直後に病床の父親に送った手紙の一部です。

（中略）

長い年月、妻とも一緒に暮らせずに、私を理解し、そして妻を尊敬してじっと待っていたお父さん。今は病床にたおれ、横浜の病院に入ったきり、娘の顔もほとんど見ることができないのを気の毒に思う、というより、父から妻をうばった私は、心から

おわびを言いたい気持ちでいっぱいです。

私の一生に一度の晴れ姿も見てもらえず、写真だけで辛抱していなければならない。なんと淋しいことでしょう。

でも、きっと、私の幸せそうな顔は見なくとも、お父さんは目をとじて想像して下さるでしょうね。きっときっとこれから先も、お父さんの愛する妻でもある私の母が、永遠に幸せであるよう、私はつとめたいと思います。

私を生んでくれたママはもちろんのこと、やっぱり私のお父さんは日本一の父であることを、私は大声で叫びたい。

※参考文献『日本人の手紙　夫婦』紀田順一郎監修　リブリオ出版

美空ひばりは、スタッフやファンに対する気遣いが素晴らしかった人物として知られています。そして、この手紙でも父親に対する様々な気遣いを見つけることができますが、特に注目してもらいたいのは次の文章です。

父から妻をうばった私は、心からおわびを言いたい気持ちでいっぱいです。

お父さんの愛する妻でもある私の母が、永遠に幸せであるよう、私はつとめたいと思います。

美空ひばりの母は、マネージャーとしていつも彼女の隣にいました。そこで、美空ひばりは父親の立場に立ち、「娘に会えないのもつらいだろうが、一番つらいのは、最愛の奥さんに会えないことなのではないだろうか」という視点で、父親のつらさを想ったのです。このように、自分の立場に立ってもらえている手紙を受け取った父親の感動はひとしおだったでしょう。そして、美空ひばりがこのような視点を持つことができたのは、手紙を送る直前に結婚し、「夫婦」という関係を経験していたことも影響を与えているように思います。

また、この手紙のようにできるだけ相手の立場に立ち、「感謝・感動」のポイントを具体的に書き連ねていけば、手紙は**自然と長く**なります。

最後の課題、

・文章が短いので気持ちがこもっていないように見える

を考えてみましょう。手紙を書くときに「文章が短いから何か付け足そう」と考える人がいますが、そうした気持ちもやはり相手に伝わってしまうものです。そうではなく、「できるかぎり相手の立場に立とう」と考えることで、より多くの「感謝・感動」の気持ちを見つけることができるはずです。そして、その気持ちを具体的に書いていけば文章は自然と長くなり、相手を喜ばせることのできる手紙へと成長するのです。

これで、先ほど挙げた三つの課題は、すべてクリアすることができました。

それでは、すべての課題をクリアした内容の手紙（after の例文）をご覧ください。

After

拝啓　三年前にこの部署に来るまで、私は社内の成績はあまり良い方ではありませんでした。それが、今、一つのプロジェクトを任されるまでになれたのは、遠藤さんのご指導のお陰です。特に、私がお客様のデータを誤って消去してしまい一緒に謝罪に行ってくださったとき、「仕事とは言葉ではなく行動で示すものだ」ということの意味を学ばせていただきました。そして、部下を指導する立場になった今、遠藤さんが私にしてくださったように、部下に対して細かく指導することがいかに労力のかかる、大変なことであるかを日々実感しています。私を育てるために多くの時間を割いていただき、本当に感謝しています。

遠藤さんと同じ職場で働けなくなるのは本当に残念ですが、またどこかのタイミングでお仕事をご一緒させていただく機会もあると思います。その日までに、私は遠藤さんから信頼してもらえるビジネスマンとして成長を遂げておきます（それはカラオケに例えるなら、桑田佳祐のモノマネで『奇跡の地球』を歌う遠藤さんの隣で、ミスチルの桜井和寿のモノマネを完璧に歌い上げるということです！）。

遠藤さんが、新たな職場でも公私にわたり益々ご活躍されることをお祈りしています。

三年間、本当にありがとうございました。

敬具

※『奇跡の地球《ほし》』……1995年に発売された、桑田佳祐とMr.Childrenのコラボレーションシングル。

解説

「感謝・感動はできるだけ具体的に」という方針に従い、一緒に謝罪に行ったという出来事や、部下を持つ立場になった今だから分かる内容を、一つ一つ具体的に挙げています。

そして続く文章では、遠藤さんとまたどこかで一緒に仕事をしたいという気持ちを示し、その気持ちを遠藤さんの得意のモノマネに絡めています。最初に礼儀正しい文章を書いている分、ここで少しくだけた内容を入れることは「可愛い後輩」だと感じてもらえるでしょう。そして、最後は再び「公私にわたり益々ご活躍されることをお祈りしています」と礼儀正しく締めています。このような送別の手紙を送れば、相手への感謝の気持ちがしっかり伝わるとともに、礼儀をわきまえた優秀な人物という印象を残すことができるでしょう。

第0章　まとめ

・文章コミュニケーションには、「どれだけ修正しても良い」という特性がある。

・文章コミュニケーションの特性を最大限生かすために、自分が書いた文章の「課題」を見つける。

・課題を見つけるために、書いた文章は必ず人に読んでもらい、意見をもらう。

・人からもらった意見は否定せずに受け入れ、まず直してみる。

・「感謝・感動」を伝える際のポイントは「具体的であること」と「本音であること」。

・今までとは違う立場を経験することで、色々な立場の人の気持ちが分かるようになり、優れた手紙が書けるようになる。

第一章に入る前に

第0章では、「文章を書く上で一番大切なこと」というタイトルで、いくつかの技術を紹介しました。そして次章からは、基礎的な内容から応用まで、様々な場面における手紙の書き方を見ていくわけですが、その前に知っておいてもらいたいことがあります。それは、「手紙を書く上で一番大切なこと」というのは、手紙を書く技術ではなく、なのです。

手紙を書くのを楽しむこと

もちろん、今まであまり深く考えずに扱っていた「手紙」というものに対して、「この書き方で良いのだろうか」と疑いの目を持つことは、成長する上で非常に大事なことです。こうした葛藤を持ち、それを乗り越えることで、新たな技術と能力を獲得することができます。しかし、その葛藤が行きすぎるあまり、手紙を書くことにプレッシャーを感じ、楽しめなくなってしまったとしたら本末転倒です。

本書ではこれから、文豪と呼ばれる人々——夏目漱石や芥川龍之介、川端康成の手紙、さらには歴史上の偉人たちが残した素晴らしい手紙と、そこで使われている技術を紹介していきます。これらの文章に触れたとき「とても自分には真似できない」と考えるのではなく、「こんな文章が書けるようになったらどれだけ素晴らしいだろう」という希望を持って臨んでください。

文章というのは、その気になれば誰もが扱える道具です。また、制限時間がないので、自分のペースでじっくり時間をかけて成長することができます。その魅力を存分に味わってもらうことが、本書の存在意義の一つでもあります。

それでは第一章に進み、楽しみながら手紙の書き方を学んでいきましょう。

第一章

『仕事依頼の手紙』

最初の一文で相手の不安を解消する

どんな場面で出す手紙でも、最初の一文は非常に大きな意味を持ちます。なぜなら、最初の一文は手紙全体の印象を決めるので、ここで失敗してしまうと続く文章を読んでもらえなくなる可能性があるからです。

それでは質問です。少し時間を取って考えてみてください。

「会ったことのない人への手紙の書き出しで、一番気をつけなければならないこと」は何でしょうか?

答えは、

相手から警戒されないこと

です。

これは通常のコミュニケーションにもあてはまることですが、人は、初対面であったり情報の少ない相手に対しては、無意識に警戒し身構えてしまうものです。

つまり、会ったことのない人へ送る手紙の書き出しは、相手の警戒心を解き、こちらが信用できる人物であることを伝える内容にしなければなりません。

それでは、次の文章をご覧ください。これは実際に、ある本の著者（A）の元へ送られてきた手紙の書き出しです。

初めまして。私はAさんの本は一度も読んだことがありませんが、手紙を送らせていただきました……

客観的に見るとめちゃくちゃなことを言っていますが、実際にこのような失敗をしてしまう人はたくさんいます。私も学生時代、今思い出しても赤面してしまうような文章を本の著者に送ってしまったことがあるので、このような間違いをしてしまう人の気持ちが分かる気がします。

たぶん、この手紙の書き手は、Aさんに自分のことを印象づけようとして「普通ではないことを書こう」と考え、Aさんに手紙を送ってくる人はAさんの本を読んでいるはずなので、その逆を書いたのだと思います。ちなみに、例文の手紙では、それ以降の文章でAさんの本を書く以外の活動について褒《ほ》めていくのですが、最初に抱いた印象はなかなか払拭できるものではありません。Aさん自身も「こんな手紙をもらったことがある」と笑い話にして話していましたが、不快な手紙として位置づけていました。

それでは、今見てもらった例文とは対照的な、素晴らしい手紙の「書き出し」をご紹介しましょう。

これは、インド独立の父と呼ばれるガンジーが、第二次世界大戦直前にヒトラーに送った手紙です。

親愛なる友へ　インド・ワルダにて

人道的見地からあなたに手紙を書くように、友人たちからずっと言われていましたが、私はその求めに抵抗していました。なぜなら、私からどんな手紙を差し上げても、横柄に映る様な気がしたからです。

しかし、何かが私に対してこう語りかけてきました。「そうする価値があると思うなら意見を伝えなさい」と。

現在、世界中で、あなたが、人類を無法状態におとしめる戦争を回避できる人物の一人であることは間違いありません。

あなたにとって計り知れない価値があるかもしれない人類を、犠牲にしなくてはならないのでしょうか？

可能であれば、戦争という手段を故意に避けてきた人間の声を聞いていただけないでしょうか？

もし私があなたに書簡を送るというのが過ちであるならば、心から許しを乞います。

あなたの誠実な友より

モハンダス・カラムチャンド・ガンジー

※参考文献『注目すべき125通の手紙　その時代に生きた人々の記憶』ショーン・アッシャー編　北川玲訳　創元社

ガンジーがヒトラーを説得するために様々な気遣いをしながら書いた素晴らしい手紙で

すが、この手紙の書き出しに注目してください。

人道的見地からあなたに手紙を書くように、友人たちからずっと言われていましたが、私はその求めに抵抗していました。なぜなら、私からどんな手紙を差し上げても、横柄に映る様な気がしたからです。

第二次世界大戦直前、世界中に悪名を轟《とどろ》かせていたヒトラーに対して、ほとんどの人が乱暴な言葉で一方的に敵意をぶつけていたはずです。しかしガンジーは、そのような言葉ではヒトラーを説得できないことが分かっていました。そこで彼は、ヒトラーの警戒心を解くために、「この手紙があなたにとって横柄《おうへい》に映る可能性があることを危惧していま す」と最初に伝えたのです。

会ったことのない人へ手紙を書く際、多くの人が自分の立場から「相手に対して自分をどうやって印象づけようか」と考えてしまいます。しかし大事なのは、相手の立場に立ち、相手が自分に対して抱く警戒心や不安を解消することなのです。

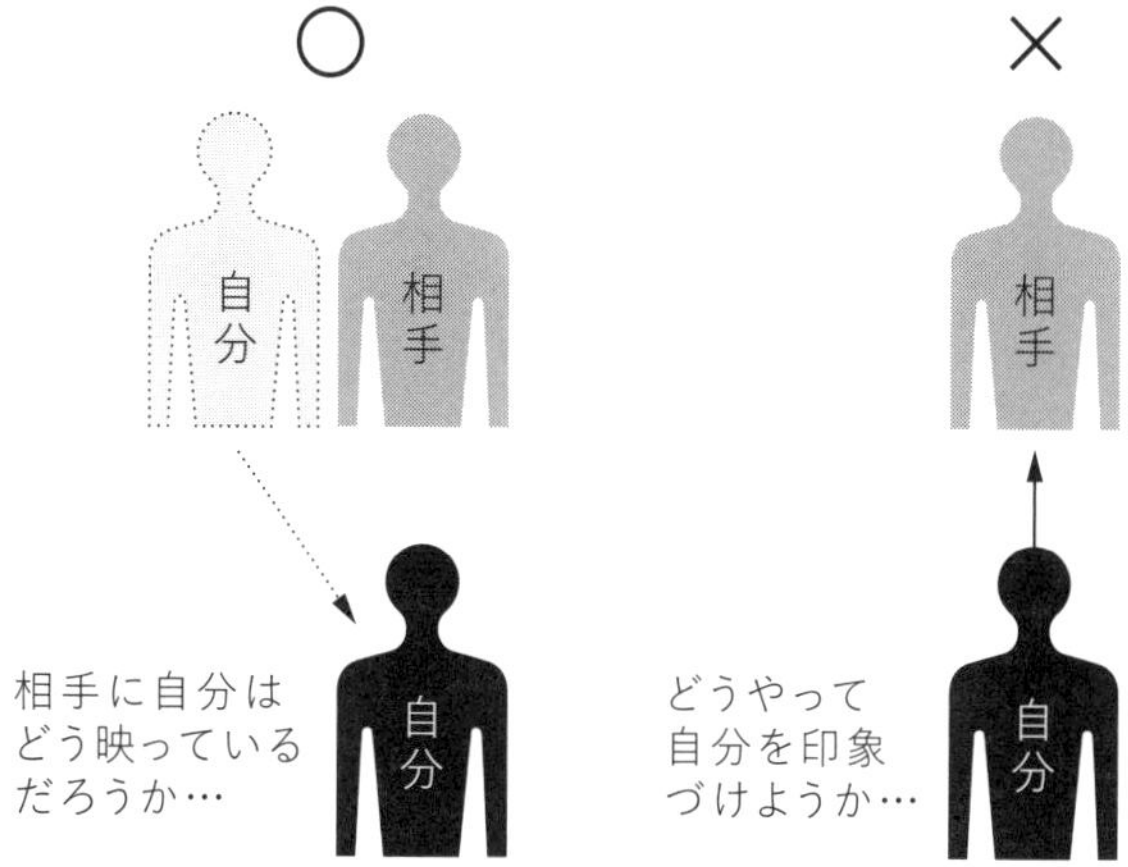

そのことが理解できれば、「会ったことのない人へ送る手紙」の書き出しは、たとえば次のようなものになるでしょう。

・突然のお便り失礼いたします。
・突然お手紙を差し上げる失礼をお許しください。

相手の立場からすると、いきなり知らない人から手紙が届くわけですから、

「突然こんな手紙を送りつけられて驚く」

ことになります。まずは冒頭でその点に触れておきましょう。加えて大事なのが、こちらがどういう素性の者であるかを明らかにすることです。学生であれば学校名、会社員であれば会社名、フリーランスで働いている人は

過去携わった仕事など、相手に安心してもらえる情報を提供しましょう。

それでは今から、そのことを具体的に学ぶために

「仕事依頼のメール」


を例にして考えてみます。

手紙ではありませんが、会ったことのない人へ送る手紙の書き出しの良い練習台になるでしょう。

それでは次の例文を読み、課題を見つけてみましょう。

（例文）

件名：新規取引のお願い

はじめてメールを差し上げます。
私、株式会社Ａの矢島と申します。
さて、弊社は30代から50代向けの婦人服の企画製造販売をしているのですが、このたび業務拡張を図り、ぜひＢ百貨店様にお力添えを賜りたく謹んでお願い申し上げます。
会社概要を添付させていただきましたので、ご検討のうえお返事いただければ幸いです。
まずは略儀ながらメールにてお願い申し上げます。

それでは、相手の立場に立ち、相手がこのメールに対してどんな不安を持つか考えていきましょう。

まず、最初に気になるのは

件名：新規取引のお願い

です。メールを出す側からすると間違ったことは言っていないのですが、受け手は、「何かを要求されるのでは？」と警戒心を抱く可能性があります。

そして、続く文章では「はじめてメールを差し上げます」とありますが、少し偉そうな印象を与えてしまうかもしれません。こちらからお願いしているので、恐縮した姿勢を取りましょう。

そして、先ほど「手紙の書き出しでは、こちらの素性を明らかにする」と言いましたが、この例文の差出人は会社の所属部署を述べておらず、名前も苗字だけになっています。

また、今回のように仕事を依頼する場合は、「どうしてその相手に依頼したいのか」を具体的に伝えたいところです。例文では「B百貨店様にお力添えを賜りたく」とありますが、どうしてB百貨店にお願いしたいのか、その理由について触れられていません。

そして、全体を通して見ると、使われている言葉は丁寧なのですが使い回された定型文の雰囲気が漂っており、相手を尊重していない文面だと言えるでしょう。

それでは、これらの課題をクリアした after の文章をご覧ください。

After

件名：株式会社Ａ営業部の矢島新平と申します

突然ご連絡を差し上げてしまい申し訳ありません。

私、株式会社Ａ営業部の矢島新平と申します。

弊社は30代から50代向けの婦人服の企画製造販売をしているのですが、このたびご連絡を差し上げましたのは、弊社の商品をＢ百貨店様で取り扱っていただけないだろうかというご相談です。創立50年以上の老舗であり、近年ますます隆盛を誇るＢ百貨店様でお取り扱いいただくことが容易ではないことは重々承知致しております。ただ、恐縮ながら、弊社の商品は（添付させていただいた資料に詳しく述べさせていただいておりますが)、昨年、一昨年と販売数200％向上を達成し、Ｂ百貨店様の売り上げに貢献できるのではないかと考えております。また、私自身もＢ百貨店様の日本橋店を毎月のように利用させていただいていますが、3階婦人服売り場での従業員の皆様のお心遣いが素晴らしく、いつも感動させられています。先日も妻と一緒にお伺いしたのですが、○○店の従業員の方が他店舗まで商品を探しに行ってくれ、心の温まる接客をしていただけました。この場所で弊社商品を取り扱っていただけたら、どれだけ素晴らしいだろうかといつも想像しています。

弊社の会社概要と商品資料を添付させていただきました。もしお時間が許しましたら一度お目通しいただき、可能であれば、ご担当者様とお話をさせていただきたく存じます。

今後のＢ百貨店様のますますのご繁栄をお祈りしています。

解説

まず、件名で会社名と所属部署、名前をフルネームで述べることで、こちらの素性を明らかにしています。

そして、書き出しの一文では「突然ご連絡を差し上げてしまい申し訳ありません」と恐縮する姿勢を見せています。

続く文章では、自社の実績を伝えることで信頼を得つつ、「どうしてB百貨店にお願いしたいのか」という点について、自分自身の言葉で具体的に述べています。そして最後は礼儀正しく締めくくり、改めて信用できる人物であることを伝えます。こうした文面であれば、会って話を聞いてみようと思ってもらえる可能性が高まるでしょう。

また、今回はメールでの依頼でしたが、難易度の高い依頼や、依頼相手が個人の場合は、直筆の手紙で依頼することを考えてみましょう。他の人がメールを使う場面で、あえて直筆の手紙を送ることは、依頼を受けてもらえる可能性を高められるからです（直筆の手紙を使った難易度の高い依頼は、第六章、第七章で詳しく見ていきます）。

第一章　まとめ

- 会ったことのない人に出す手紙の書き出しでは、「警戒されないこと」を心がける。
- 相手の立場に立ち、相手が自分に対してどんな不安を持っているか想像する。
- 相手の信頼を得るために、こちらの素性を明記する。
- 仕事を依頼するときは、「なぜあなたに依頼したいのか」をできるだけ具体的に伝える。

第二章

『抗議の手紙』

自分を喜ばせるのではなく、相手を喜ばせる前章では、相手の信用を得るための手紙の書き出しを見てきましたが、良い書き出しから始められたとしても、相手の気持ちをつかめるという保証はありません。むしろ、そのあとに続く文章が腕の見せ所だと言えるでしょう。

そこで今回は、手紙の本文を書く際に何を意識すべきかを考えていきますが、本文を書くとき、多くの人がしてしまう失敗を一言で表すとどうなるでしょうか？　少し時間を取って考えてみましょう。

手紙の本文を書く際、多くの人がしてしまう失敗は、

自分を気持ち良くする文章を書いてしまうこと

であり、その代表的なものが

- 自慢
- 批判

です。

特に「批判」は、つい無意識のうちにしてしまうので注意が必要です。

次の文章をご覧ください。これは、ある出版社の面接を受けた人が、面接後に出版社に送った手紙の一部です。

本日はお忙しい中お時間をいただきありがとうございました。

私はエンターテイメントの方面でも修行をしてきたので必ずお役に立てると思います。たとえば、私と面接で同席した人は、料理本や健康本のことばかりを語っていましたが、それは御社の方向性を本質的には理解していないと考えます……

この文章は自分をアピールするために書かれていますが、手紙で他者を「批判」すると、それはそのまま「陰口」になってしまうので、受け手に悪印象を与えます。

そしてこのことは、手紙で相手に抗議したりクレームを言う場合も同様です。感情のおもむくままに書きたいことを書く（自分を気持ち良くする）と、相手の心に響く文章は書けません。
次の文章は、心理学者のユングが師匠のフロイトに宛てた手紙ですが、この問題点が浮き彫りになっています。

本心を、二、三申し上げてよろしいでしょうか。私は先生に対して相反する感情を抱いていることを認めます。しかし、今回の状況については、素直で正直な見方をしているつもりです。疑いになるのでしたら、事態は先生にとってその分だけ悪いことになります。ですから、先生が弟子を患者のように扱うやり方はまったく馬鹿げていると指摘させていただきます。このやり方で、先生は奴隷根性を持った弟子や生意気な青二才を作り上げているのです。私は十分に客観的な立場におりますので、先生の子どもじみたトリックがよく見えます。先生は身の回りで何か症状が認められる行為はないかとあちこちを嗅ぎまわり、その結果、自分に過失があることを慎み深く認める息子と娘のレベルにみんなを引き下げているのです。そうして先生は父親として高いところに立ってぬくぬくとしています。誰もが卑屈になっているので、預言者のあごひげをあえて引っ張ろうとするものは一人もおりません。

私はまったく謙虚な気持ちで分析を受けてきました。そのほうがはるかに私のためになっています。患者がどれだけ自己分析に取り組んでも、神経症から抜け出せないことはもちろんご存じでしょう。ちょうど先生のように。先生がコンプレックスから完全に自由になり、弟子に対して父親役を演じるのをやめ、弟子の欠点にいつも目を光らせるかわりにときにはご自分をよく観察するならば、私は自分の行いを改め、先生について二心を抱くという悪い心をすぐに捨て去りましょう。私は自分自身の見解を大切にしながら表向きは先生に味方していきますが、先生について本当に思っていることは個人的な手紙でお伝えすることにします。

先生はこの独特の友情の印によって憤慨なさるに違いありません。ですがそれでもやはりこれは先生のためになるでしょう。

敬具

C・G・ユング

※参考文献『世界史を変えた100通の手紙』綿引弘編著　日本実業出版社

事実として、フロイトのやり方には問題があったと言われていますが、思っていることをぶちまけて自分を気持ち良くする文章を書いてしまうと相手を説得することはできません。事実、この手紙以降、二人の関係は断絶し、生涯会うことはありませんでした。歴史上の偉大な心理学者ですらこのような過《あやま》ちを犯してしまうのですから、自分の書いた文章が、ただ感情に身を任せて綴《つづ》られたものでないか、注意の目を光らせておくことが必要です。

それでは、自分を喜ばせるのではなく、相手を喜ばせることを意識した「批判の手紙」とはどのようなものになるでしょうか？

次に紹介するのは、1968年に「三億円強奪事件」が起きたとき、小説家の大藪春彦が犯人へ宛てた手紙で、当時の新聞に掲載されたものです（三億円事件の手口は、大藪春彦の『血まみれの野獣』に酷似していました）。

僕はいまだかつて、名も知らず、顔も見たこともない人間に手紙を書いたことなどない。

それを敢えて、一面識もない君（というのも変だが……）に呼びかける気になった

のは――一二月十日、あの日、僕は風邪で39度を超える熱と、徹夜の疲れから死んだようになって寝ていた。

突然、ママ（妻）に、

「あなたッ、大変ですよッ」

と起こされた。ちょうど昼頃だったと思う。

事件の概要を聞かされて、僕は吃驚《びっくり》した。僕の小説『血まみれの野獣』にあまりにも酷似していたから……。

（師走といえば、わずか、二百円か三百円の金欲しさに、タクシー運転手を殺してしまうようなそんな陰惨な犯罪が多い中で、これはまた、芸術的犯行だ）

とさえ思ったものだ。

いま、僕がここで、

「自首したまえ」

などと言ったところで、君は耳をかしはしないだろう。僕も言うつもりはない。

だが、いま言っておきたいことは、逃走の過程において、必ず追い詰められることがあるだろう。それは、明日にも君を襲う運命かもしれない。

追い詰められた時に、警官を殺したり、周囲の人を傷つけたり、そんな凶悪なこと

をしないでくれ！　そんなことをしたら、君の芸術（？）に汚点をのこすようなこと
になると思え——

※参考文献『文豪・名文家に習う手紙の書き方　こころに響く50の書簡』中川越著　同文書院

一大センセーションを巻き起こした三億円事件。ニュースを知った人たちが犯人にメッセージを送るとしたら「自首しろ」という内容になったはずです。しかし大藪春彦は、それでは犯人を説得することはできないと分かっていました。そこで相手の行為を、いったん「芸術的犯行」と持ち上げた上で、「周囲の人を傷つけないでほしい」という説得を試みています。この方法であれば、一方的に批判するのと比べ、はるかに相手の心に響いたはずです。

それでは今から、自分を喜ばせるのではなく、相手を喜ばせる文章を書く練習として、

「騒音のうるさい隣人に出す手紙」

を例に考えてみましょう。

面識のない隣人の部屋から聞こえる騒音がうるさく、大家さんに伝えたのですが静まらないので、郵便受けに手紙を入れることにしました。隣人の騒音は強いストレスになりますが、ここで怒りをそのままぶつけてしまうとトラブルの原因になりかねないので工夫が必要です。

それでは、次の文章を見て課題を考えてみましょう。

私、403号室の足立と申します。今回お手紙を出したのはお気づきのことだと思いますが、騒音の件です。特に、深夜0時以降の騒音は、早朝7時に仕事に出る身としては非常につらいです。ボリュームを下げるかヘッドホンをしてください。

この文章は一見丁寧に見えますが、文章の端々から相手を批判したい気持ちが滲《にじ》み出してしまっています。

「お気づきのことだと思いますが」は嫌みに取られかねませんし、「ボリュームを下げるかヘッドホンをしてください」というのは、相手の行動を一方的に規定してしまっているので相手をイラ立たせるでしょう。

隣人との生活は今後も続いていくわけなので、できるかぎり相手の気持ちに寄り添い、相手が騒音を出したくなくなるような文章を心がけましょう。また、隣人とは面識がないので「会ったことのない人へ送る手紙」でもあります。相手の立場に立ち、突然このような手紙をもらったらどのような気持ちになるかを想像しながら書いてみましょう。

それでは、after の文章をご覧ください。

After

拝啓　突然のお手紙、申し訳ありません。私、403号室の足立と申します。今回手紙を書かせていただいたのは、大変申し上げにくいのですが、夜の音楽のボリュームをもう少し落としていただけたら有難いというお願いです。自分としても耳栓《みみせん》をするなど工夫をしてみたのですが、どうしても振動が響いてきてしまいなかなか寝つくことができません。土日は、家にいることは少ないので気にせずお楽しみいただければと思いますが、平日の深夜はできれば少し音を落としていただけると本当に助かります。突然一方的なリクエストをして不快な気持ちにさせてしまい申し訳ありません。
今後ともよろしくお願いいたします。

敬具

解説

手紙の書き出しでは、相手が隣人というデリケートな関係であることを考慮して「申し訳ありません」と恐縮した姿勢を見せています。そして、続く文章で名前を名乗っていますが、このケースでは苗字を名乗るだけに留めて良いでしょう。相手は隣人なので、ある程度距離を保った方が安心するはずです。

そのあと、「音楽を楽しんでいる」相手の立場に立ち、さらに、「耳栓をするなど工夫をした」と、相手に寄り添う努力をしていることを伝えます。

さらには、「土日は自由にしていただいて大丈夫です」と気遣うことも忘れていません。そして最後は、「一方的なリクエストで申し訳ありません」と謝罪しています。

このような内容の抗議文であれば、相手としても「悪いことをしたな」と感じてボリュームを下げてくれる可能性が高まるでしょう。また、この手紙を送っても騒音が鳴りやまない場合は、再び大家に頼むか、隣人に直接言う可能性も出てきますが、こうした気遣いのある手紙を出しておくことは、今後の大きなトラブルを予防する効果があります。

ところで、こういった抗議をする際に、相手を「敵」だとみなして攻撃をする人がいますが、問題は大きくなるばかりです。相手の立場を考慮しつつ、自分の気持ちを伝える姿勢を持てるようになると、トラブルをすみやかに解消する力が身につくでしょう。

第二章　まとめ

- 文章を書く際には、自分を喜ばせるのではなく、相手を喜ばせる。
- 自分を喜ばせる文章の代表例は「自慢」と「批判」。特に「批判」は無意識のうちにしてしまうので注意が必要。
- 抗議をする際は、感情のおもむくままに相手を批判するのではなく、相手の立場を考慮しながら自分の気持ちを伝える。

第三章

『親から子への手紙』

肉親を「お客さん」として扱う

これまで、手紙を書く上では「相手の立場に立ち、相手を喜ばせる」ことがいかに大事なのかを見てきましたが、そのことが理解できても実行に移すのが難しい場合がありま す。

それは、たとえば「肉親に送る手紙」です。

会ったことのない人やお客さんに対しては気遣う文章を書けたとしても、関係性の近い相手だと様々な感情が邪魔して喜ばせることが難しくなります。

次の例文は、大学卒業後、定職につかず一人暮らしを続けている息子(真一郎)に送った、段ボールの荷物に同封した手紙です。課題を見つけてみましょう。

真一郎へ

拝啓　元気でやっていますか？　最後に話した時は役者になるということでしたが、その後はどうですか？(毎日テレビは見ていますが一度も見たことはありません)たまに言われる仕送りもいつまで続けられるか分かりません。今年の正月は実家に顔を出すようにしてください。

敬具

もちろん、子どもがすでに成人している場合など、相手の年齢によって対応も違ってきますが、たとえ相手が子どもでも、何かを依頼したり説得したりする場合は、「喜ばせる」という姿勢が必要になってきます。

例文では、役者志望である子どもに「テレビで見たことがない」と皮肉を言っていますが、こういう軽はずみな発言は相手の心を閉ざしてしまうかもしれません。また、冷淡で一方的な言葉を並べた文章なので、反感を買ってしまう可能性があります。

それでは、この例文とはまったく逆のスタンスに立っている、親から子への手紙をご紹介します。これは、発明家のグラハム・ベルが9歳と7歳の二人の娘に出した手紙です。

マーザス・ヴィンヤード島エッジャータウンにて、一八八七年十一月十三日、日曜日

愛するエルジーとデイジー

君たちも私と一緒にマーザス・ヴィンヤードに来られたらよかったと思う。砂浜で

遊んだり、ものすごく大きな波が浜に打ちつけるのを見てきっと楽しむことができただろう。嵐のたびに海岸に打ち上げられる美しい貝殻や小石を探すのもきっと楽しかったと思う。

今日の午後、（たしか）ハイティさんという名前の人と一緒に海岸を歩いているとき、そこで奇妙な形をした黒い物体を見つけた。それは長い尻尾のついた本のような恰好をしていた。

何だと思う？　それは魚の死骸なのだが、私が今まで見た中でいちばん奇妙な形をした魚だった。本のように平たくて、目が頭の先っぽにくっついていて、口は何とお腹の内側にあるんだ！　で、歯はどこにあると思う？　口を開けてみたんだが、そこに歯はなかった。どこにあったと思う？　歯は尻尾についてたんだ。そんな魚の話、聞

いたことあるかい?!!!　私は初耳だったが、その魚の歯は本当に尻尾についているんだ。尻尾の裏側全体にね。尾は歯でおおわれているから、そこに触ろうとすると噛まれてしまう。

その魚は尻尾を振ることで相手を噛めるんだ。尻尾を切り取って、エルジー宛てに郵送したから、いずれ宝物が見られると思う。無事にそっちに着いてくれるといいのだが。

この不思議な魚の口はとてもきれいだよ。唇は君たちの唇のようには柔らかくなくて、すごく固い。そして全体が、きれいで小さな象牙色の真珠でおおわれているんだ。君たちが見られるように唇も切り取って、デイジー宛てに送ったからね。

ここの人たちはその魚を「スティンガリー」と呼んでいるが、正式の名前は「アカエイ」という。私が見たのはまだ子供だったが、オズボーン船長は、二、三センチの歯におおわれた全長一メートル二十センチぐらいの尾っぽを持ったのを見たことがあると言っていた。船長の話だと、魚が生きている時はその歯に毒があるので、触ったら危険だということだった。船長の知り合いが水中で一匹つかまえようとしたことがあるそうだが、魚の長い尾で脚をたたかれてひどいケガをして、つかまえるのを諦めたそうだよ。その人の脚は膨れ上がって、その後何か月も歩けなかったそうだ。君たちに送った尾は大丈夫だから心配しなくていいよ。魚はもうずっと前に死んでいて、歯もすっかり干からびているからもう毒もないんだ。さて、もうそろそろさよならを言わなくてはならない。二人ともいい子でおとなしくしてくれているね。ハドソンさんから習えることは何でも習って、ママを喜ばせてほしい。君たちのどちらもママに自慢に思わせてあげてほしい。明日、おじいちゃんとおばあちゃんに会うことになっている。おばあちゃんに何か素敵な手紙を書いてくれないかな？　君たちから便りがあったらきっとおばあちゃんは喜ぶと思う。もちろん私もだ。じゃあ、今日のところはこれで。

君たちを愛する父
アレグザンダー・グラハム・ベル

※参考文献『父親は息子に何を伝えられるか。―偉人たちの手紙』鈴木博雄著　PHP研究所

この手紙が素晴らしいのは、前半のほとんどを面白い魚「アカエイ」の話に費やしてい

るということです。さらに尻尾を郵便で送っているので子どもたちは目を輝かせながらこの手紙を読んだことでしょう。

そしてこの手紙では、子どもたちへの依頼（傍線部）を後半にサラリと書いています。子どもに送る手紙では、つい要求を長く書きたくなってしまいますが、その比重を大きくしてしまうと、相手を喜ばせる文章も「要求を通すための手段なのではないか」と勘ぐられてしまいます。

まず、相手の立場に立ち、相手を喜ばせる言葉を並べながら徐々に心を開かせ、最後に簡潔な文章で依頼して相手の心を動かしましょう。

それらの点に注意しながら、after の文章をご覧ください。

After

真一郎へ

拝啓　元気でやっていますか？　こちらは相変わらず元気です。ただ、最近お父さんが庭の木を切っているときにハチに刺されました。本人はスズメバチかもしれないと言って、「死ぬ、死ぬ」と騒いで病院に行きましたが、刺したのはミツバチだったようです。それと坂田さんの家のキュウがまた犬小屋から逃げ出しました。1週間後に北部保育園で保護されました。保育園で飼われていたとのことです。

送った荷物には、家の畑で取れた野菜を入れておきました。何をやるにも体が資本なので面倒くさがらず食べてください。きゅうりは、箱に詰める前に畑で切ってきました。新鮮ですよ。きゅうりだったら、洗って塩をつけてかじるだけでいいので、料理をしないあなたでも面倒がらずに食べられるでしょう。それからオクラ。赤いオクラも緑のオクラも、味は同じです。もし、レトルトのカレーしか食べられない日でも、サッとゆでたオクラをのせるだけで見た目も豪華だし、野菜もとれて一石二鳥です。

あなたが役者になりたいと言い出したときは、正直、かなり不安でした（今も不安です）。もっと安定した職業を選んでくれないだろうかというのが親としての本音です。しかしあなたは一度言い出したら聞かない頑固な性格ですし、そういえば小学生のときの学芸会で孫悟空の役をやっていたときは確かに輝いていたし、などと考えながら、今は見守りたいと思っています。お母さんからあなたへ言いたいことは一つだけです。「やるからには全力でやりきること」。つらいことや苦しいことがあっても、中途半端ではなく全力で努力すると、そこで得た経験は必ず人生のどこかで役に立つものです。

今は、役者修行で忙しいかもしれませんが、時間ができたら実家にも顔を出してください。おばあちゃんもあなたに会いたがっています。

それでは健康に気をつけ、頑張ってください。

敬具

解説

序盤の「お父さんがハチに刺された」「坂田さんの家の犬が逃げ出した」は、一見ただの近況報告に見えますが、こういった微笑ましいエピソードは子どもの心を開かせるのに有効です。私も母親と電話で話しているときなど、延々と意味のない近況報告を聞かされるのですが、（もっと他に話すべきことがあるんじゃないか……）とあきれながら、その可愛さについ笑ってしまいます。

続いて野菜の話題ですが、これも「相手の健康を気遣う」というサービスになっています。大人になると自分の健康を気遣ってくれる人もいなくなるので、母親の気遣いは内心うれしく思うでしょう。

このように十分子どもを楽しませたあと、本題を切り出します。「もっと安定した職業を選んでくれないだろうか」という本音を見せながら、相手の立場も考慮しています。今回は、「やるからには全力でやりきること」と子どもを応援するスタンスを取っていますが、もし逆のリクエストをする場合も、相手の気持ちを尊重しながら話を進めることで説得力は増すでしょう。

肉親の立場に立つことは、様々な感情が邪魔をするので決して簡単ではありません。しかし、相手を動かすためには、自分の感情に流されず、相手を喜ばせながらこちらの要望を伝える姿勢を持つようにしましょう。

第三章　まとめ

- 肉親など、関係性の近い相手に送る手紙こそ、「相手の立場に立ち、相手を喜ばせる」という原則を忘れない。
- まず相手を喜ばせる文章を書き、後半に依頼内容を簡潔に書く。
- 子どもに送る手紙では、近況報告や相手の健康を気遣う内容が喜ばれる。

第四章

『手紙の礼儀作法』

相手の信用を得るために、礼儀を「最低限」おさえる今回は、手紙の「礼儀作法」について見ていきましょう。

書店でよく見かける「手紙の書き方」に関する本では、礼儀作法が内容のほとんどを占めるわけですが、本書では、礼儀作法は相手の信用を損ねないために「最低限おさえておくべきもの」として位置づけています。

それでは、相手の信用を損ねない、最低限必要とされる礼儀作法とは何でしょうか？

それを一言で表すなら、

手紙の「最初と最後」が礼儀正しい

ということになります。

手紙における礼儀は、最初と最後をしっかり守ることを意識しましょう。逆に、最初から最後まで形式ばった文面にしてしまうと、相手という個人を尊重していない手紙になってしまいます。あくまで礼儀は、内容を評価してもらうための入り口にすぎません。

それでは手紙の「最初と最後」ですが、

「拝啓」で始め「敬具」で終わる

で統一しましょう。

これ以外にも頭語では「前略」や「拝呈」、結語は「かしこ」などがありますが、これらは場面によっては礼儀として反するものがあるので、万能である「拝啓」「敬具」で統一すれば問題ありません。

「拝啓」の後は改行せず、一文字分あけて書くのが礼儀正しいとされています。「敬具」は最下段にそろえるのではなく、一文字分あけましょう。

（空欄＝★　差出人＝山田太郎　受取人＝鈴木一郎）

拝啓★○○○○○○○○○○○○○○○○○○○○○○○○○○○○○○○○○○
○○○○○○○○○○○○○○○○○○○○○○○○○○○○○○○○○○○○○
　○○○○○○○○○○○○○○○○○○○○○○○○○○○○○○○○○○○○
○○○○○○○○○○○○○○○○○○○○○○○○○○○○○○○○○○○○○
敬具★

★★★平成○年○月○日

鈴木一郎様

山田太郎★

ちなみに、手紙の受取人の位置ですが、礼儀としては右のように最後に書くのが正しいとされていますが、私は冒頭に入れています。最初に名前を呼びかけた方が相手との距離が縮まる気がするからです。

それでは次に、書き出しと結びの「挨拶《あいさつ》」を見ていきましょう。

手紙では、書き出しで決まった挨拶がありますが、あまり形式にこだわりすぎると、畏《かしこ》まった、固い人物という印象を与えてしまいます。書き出しの挨拶は省略して、「突然のお便り失礼いたします」などと始め、こちらの素性を伝えれば問題ありません。

ただ、手紙を送る相手がかなり年配の人だったり、礼儀を気にする人の場合に備えて、シンプルな「時候の挨拶」を覚えておきましょう。

時候の挨拶は、「(季語) ＋の候」で文章を始め、そのあとに「ますますご繁栄のこととお慶《よろこ》び申し上げます」「一層ご活躍のこととお慶び申し上げます」などと続けます。

（例）一月の場合

初春の候、A様におかれましてはますますご繁栄のこととお慶び申し上げます。

季語は月ごとに多数存在しますが、ここでは一般的なものを紹介します。

一月	新春	初春	寒冷	厳冬	など
二月	向春	立春	春雪	残寒	など
三月	早春	春陽	盛春	春雨	など
四月	春暖	春風	春日	桜花	など
五月	残春	晩春	若葉	新緑	など
六月	初夏	向暑	小夏	長雨	など
七月	盛夏	猛暑	酷暑	盛暑	など
八月	晩夏	残暑	初涼	秋暑	など
九月	初秋	秋涼	秋分	涼風	など

十月　紅葉　秋雨　初霜　朝寒　など
十一月　晩秋　深秋　落葉　夜寒　など
十二月　初冬　師走　霜寒　孟冬　など

それでは次に「結びの挨拶」ですが、これもシンプルなもので

・A様のさらなるご発展（ご活躍）を心よりお祈りしています。

で締めましょう。さらに、「(季節の変わり目なので) お体ご自愛ください」など相手を気遣う一文を加えるなどしても良いでしょう。

それでは次に、「敬語」について見ていきましょう。
これまでに紹介したafterの手紙を読んでいただければ分かるように、本書では手紙の本文は自分の言葉で書くことを重視しています。言葉遣いや敬語の正しい用法を気にしすぎるあまり、自由度がなくなることの方が問題なので、敬語に関しては

二重敬語

だけ気をつけておきましょう。

二重敬語というのは、一文の中に敬語を二度使ってしまうことです。

たとえば、

○　おっしゃる

×　おっしゃられる

「おっしゃる」がすでに敬語なので「おっしゃられる」だと二度使ってしまっているので誤りです。

（よくありがちな二重敬語の例）

○「お聞きになる」　○「ご覧になる」

×「お聞きになられる」　×「ご覧になられる」

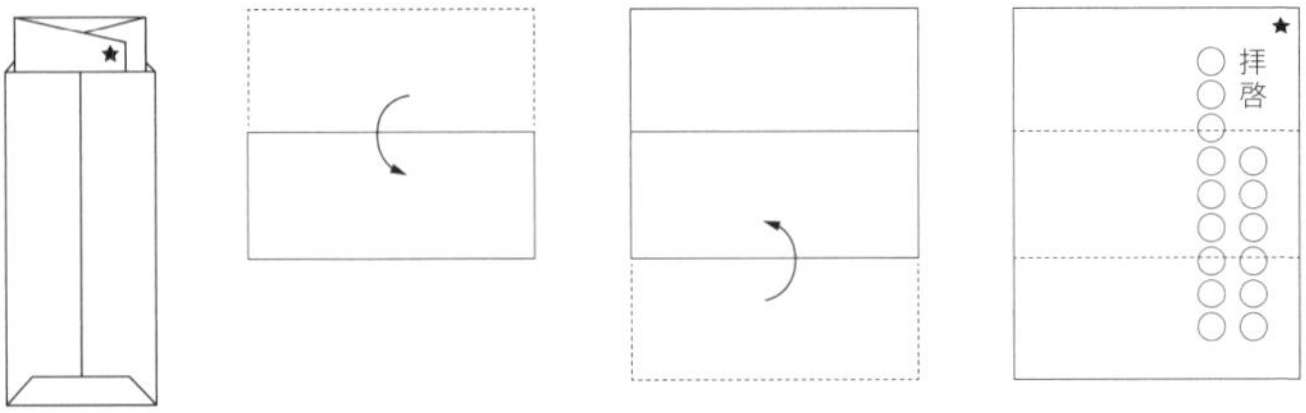

①
手紙の書き出しが右上にくるように文面を表にする。

②
下から上に三分の一を折る。

③
残りの三分の一を上から下に折る。

④
「拝啓」が上、便箋《びんせん》の上端が右になるように封筒に入れる。

それでは次に、手紙の折り方を見ていきましょう（上図が「三つ折り」の折り方です）。

直筆で送る手紙は、「縦書き」「三つ折り」が良いでしょう。ペンは「筆ペン」を使用しましょう。現代では、文章でコミュニケーションを取る場合は、メールやＬＩＮＥなど、横書きのデジタル文字がほとんどです。これは裏を返せば、「筆ペン」の直筆で「縦書き」の文章に触れる機会は少ないので、もらう側も貴重な感じがして喜んでもらえるはずです。また、「三つ折り」に関しても、他の折り方は日常生活で見ることがありますが「三つ折り」を見かけることは少ないので、相手を丁寧に扱っている雰囲気が出て喜んでもらえるでしょう。

続いて、「封筒の書き方」を見てみましょう。

「封筒の書き方」
- 表面は、受取人の名前を住所の文字より大きくし、郵便番号から一文字分あける。
- 裏面は、封筒の左下部に住所と名前を書き、最後の文字をそろえる（「中心線の右側に住所、左側に名前を書く」形式もありますが、郵便番号とのバランスが悪くなるので左下にまとめて書くのをお勧めします）。
- 手紙を入れたあとは封筒を「のり」で閉じ、封じ目に「〆」を書いて投函《とうかん》する。

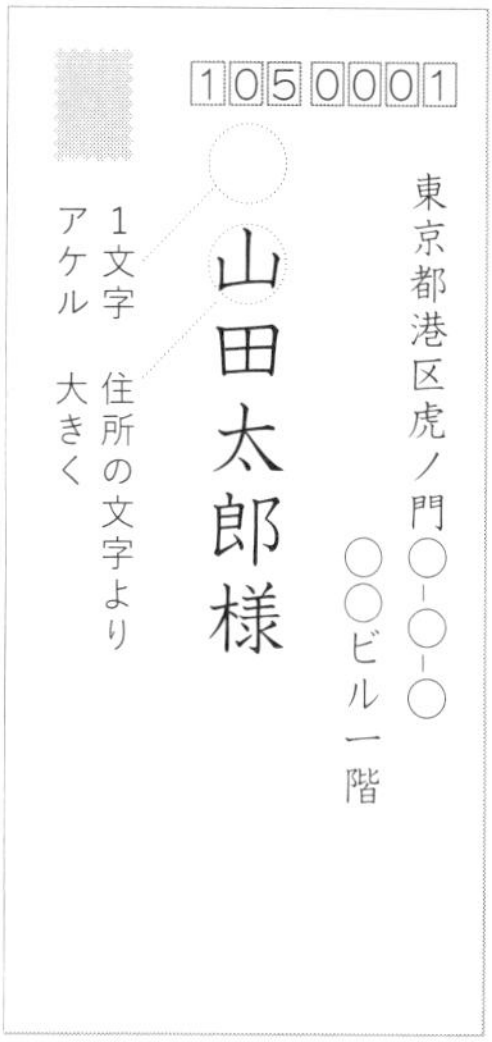

それでは最後に、受取人の名前の最後に書く「様」「殿」「各位」「御中」「宛」の違いについて見ていきましょう。

「様」……個人へ差し出す場合は「様」で統一する。「殿」は、目下の人に使う場合があり相手に失礼になるので使用を避ける。

「各位」……複数の人に同時に出す文章で、個人名を省略するときに使用する。各位は「皆様方」という意味なので、「各位様」は誤り。

「御中」……宛名が個人ではなく組織である場合に使う。

「宛」……往復の返信が欲しい場合、自分の名前などの下につける。こちらが相手に返信する場合は、「宛」を斜線で消して「様」と書き直す。

以上が、おさえておくべき手紙の礼儀作法となります。

第四章　まとめ

- 手紙における礼儀作法は「最初と最後」を大事にする。
- 礼儀作法を重視しすぎると、相手の心をつかむ手紙にならない。礼儀作法は、あくまで相手の信用を得るための入り口だと考える。

第五章

『年賀状』『暑中・残暑見舞い』『お中元のお礼状』

儀礼的な手紙こそ、相手を尊重する「ひと手間」を手紙の中でも慣習として出されるものに「年賀状」「暑中・残暑見舞い」「お中元のお礼状」などがあります。そして、こういった儀礼的に出される手紙(ハガキ)は、これまでに学んだ技術を使えばそれほど難しくなく相手を喜ばせることができます。

それでは、次の二つの年賀状を比べてみてください。

A

謹賀新年
旧年中は大変お世話になりました。
本年もよろしくお願い申し上げます。
平成○○年　元旦

B

謹賀新年
去年は安藤さんと一度も
ゴルフに行くことができず、その
せいもあってか、体重プラス12キロという
衝撃的なスコアをたたき出してしまいました。
安藤さんのスコアが100を切るか、私の
体重が100を超すかの瀬戸際なので今年
こそぜひご一緒させていただきたく思います。
今年もよろしくお願い致します！
旧年中は大変お世話になりました。
本年もよろしくお願い申し上げます。
平成〇〇年　元旦

同じ年賀状ですが、もらってうれしいのはBの年賀状でしょう。

その理由は、これまで繰り返し述べてきたことですが、定型文ではなく、自分の言葉で相手を尊重した文章を書いているからです。定型文をそのまま使うことは、こちらが楽《らく》をしたいという気持ちの表れであり、そうした本音は相手に必ず伝わります。その意味で、印刷だけのAの年賀状は相手に悪印象を与えることになりかねません。年賀状や暑中・残暑見舞いなどは、多くの人が手間を省こうとするので、あなたなりの「ひと手間」をかけることを心がけましょう。

それでは次に、「年賀状の礼儀作法」を見ていきましょう。

「年賀状の礼儀作法」

・できるだけ元日に届くよう投函し、一月七日を過ぎてしまう場合には「寒中見舞い」として出す。

・賀詞（「謹賀新年」「明けましておめでとうございます」など）は本文の文字より大きくする。

・最後に書く年号は、元日に届く場合は「平成○年　元旦」とし、元日に届かない場合は「平成○年　正月」とする。

・一年以内に近親者に不幸があった場合、新年の挨拶を辞退する「喪中欠礼」を出す。喪中欠礼は年賀状の前（十一月下旬～十二月中旬）に出す。また、喪中欠礼では、おめでたいとされる「賀」などの言葉は避ける。

×年賀状　○年始状

・改まった相手への喪中欠礼では、句読点は使用しない。

亡父の喪に服しておりますので
新年のご挨拶を失礼させて戴きます
（父○○　去る○月○日○歳にて永眠）
○○様にはよいお年をお迎えくださいますよう心よりお祈り申し上げます

平成○年○月

それでは次に、「暑中・残暑見舞い」を見ていきましょう。暑中・残暑見舞いは、暑い時期に相手の安否を気遣い、また自分の近況を報告するための手紙（ハガキ）です。ただ、これも考え方は年賀状と同じです。

次の二つの暑中見舞いを見比べてください。

A

暑中お見舞い申し上げます。

毎日暑い日が続いておりますが、いかがお過ごしでしょうか。

私たちも暑さに負けぬよう、日々頑張っています。

酷暑の折、くれぐれもご自愛のほどお祈り申し上げます。

平成○年　盛夏

B

暑中お見舞い申し上げます。

毎日暑い日が続きますがいかがお過ごしでしょうか？

昨年の秋にAさんにお会いしたときは「夏らしいこと一つもできなかった」と一緒に嘆いていた記憶がありますので、今年こそは夏らしいことをして夏を満喫していただきたいと思い、リマインドの意味を込めての暑中見舞いです。

とはいえ私の方も、夏休みで毎日子どもが家にいるので雑事に追われやりたいこともできず、昼休みに一人で食べるところてんを楽しみにしながら夏の暑さをしのいでおります（というわけで斎藤屋のところてんを送らせていただきました。ぜひご賞味ください）。
酷暑の折、くれぐれもご自愛のほどお祈り申し上げます。
平成〇年　盛夏

Aの暑中見舞いと比べて、Bのものは差出人と直接笑いながら話している雰囲気があり、心が通い合える内容になっています。やはりここでも、自分の言葉で、ひと手間を惜しまずに書くことを心がけましょう。

それでは、「暑中・残暑見舞い」の礼儀作法について見ていきましょう。

「暑中・残暑見舞いの礼儀作法」

- 梅雨明け～八月七日頃（立秋前）までを暑中見舞い、八月八日頃（立秋）～八月末頃までを残暑見舞いとして出す。
- 頭語（拝啓）と結語（敬具）は不要。暑中見舞いは年号の後に「盛夏」、残暑見舞いは「八月」「晩夏」などと書く。

・暑中・残暑見舞いは相手と交換するものと考える。年賀状と同様に、もらった場合は返信としてではなく暑中・残暑見舞いとしてこちらから出す。
・お中元のお礼状なども、この時期に出す場合は、暑中見舞いや残暑見舞いとして出しても良い。

暑中お見舞申し上げます。

毎日暑い日が続いておりますが、お変わりなくお過ごしでしょうか?

このたびはご丁寧なお心づかいをいただき、本当にありがとうございました。いただいたビールが飲めることを思いながら仕事に向かうといつもよりはかどるような気がします。また、通常のものより小さいサイズというのがうれしいです。飲みすぎることもなく健康にも優しい、素晴らしいお中元ありがとうございました。

まだしばらくは厳しい暑さが続きそうですが、体調にはくれぐれもお気をつけ下さい。

平成○年　盛夏

ここで「お中元のお礼状」を見てもらいましたが、これも年賀状や暑中・残暑見舞いと考え方は同じです。定型文を送るのではなく、相手からの贈り物に対して、できるだけ具体的に感謝・感動の言葉を伝えましょう。

また「お中元のお礼状」の礼儀作法は、通常の手紙と同じで問題ありません。頭語を「拝啓」で始め、結語を「敬具」で締めます。

第五章　まとめ

・慣例の手紙では、多くの人が楽をしようとして定型文を使いがちになる。相手を喜ばせるための「ひと手間」を惜しまない。

第六章

『ファンレター』

「あなたのファンです」は、相手へのサービスにならない

第六章と第七章では、「直筆の手紙で、難易度の高い依頼をする」場面を詳しく見ていきます。これは手紙の持つ役割の中でも大きな部分を担っており、手紙を書く総合的な力が必要になってきます。

それでは、これまで学んできた内容を踏まえつつ、依頼の手紙の全体の流れを見てみましょう。依頼の手紙は、大きく分けて次の三つの要素で構成されます。

序文　相手の信頼を得る書き出し

主文　相手を喜ばせ、心を開いてもらう

終文　依頼内容を伝える

ちなみに、主文と終文は逆になり、先に依頼内容を言うケースもあります。なかなか本題に入らないと「この手紙の送り主は何がしたいんだ？」と相手をイラ立たせてしまう可能性があるからです。ただ逆に、最初に難易度の高い依頼をしてしまうと、手紙の続きを読んでもらえなくなる危険性もあります。つまり、場面場面に応じて使い分けていく必要があるのですが、一つ指針を挙げるとするなら、依頼の内容に比較的無理がなければ最初に言ってしまっても良いでしょう。逆に、依頼を受け入れてもらえる可能性が低い場合は、最後に言うか、その手紙では依頼せず、ただ相手を喜ばせるだけに留めておいて次の機会にリクエストすることを考えましょう。

しかし、いずれにせよ、依頼において重要なのは「相手を喜ばせること」です。

それでは今から、相手を喜ばせるとはどのようなことかを学べる、一通の手紙を紹介します。

小説家の朝井リョウさんが、アイドルを題材にした作品『武道館』を、音楽プロデューサーのつんく♂さんに献本した際に同封した手紙です。

拝啓　春寒次第に緩み、一雨ごとに春の息吹が立ちこめてまいりました。

このたび、大変恐縮しながらも筆を執らせていただいております。私、小説家の朝井リョウと申します。初めてのお手紙と言うことで少し長くなってしまうかもしれませんが、でも、最後まで読んでいただけるととてもうれしいです。(今の言い回しは『Memory 青春の光』を意識いたしました)

突然ですが、私の座右の銘は「同じ人なら踊ろぜワイヤイ」です。ASAYANで平家みちよさんがグランプリに輝いた〃女性ロックヴォーカリストオーディション〃からプロデューサーとしてのつんく♂さんの世界を追っているのですが、『恋のダンスサイト』が発売されたころの私はちょうど青春時代、いわゆる思春期でした。自意識過剰の入り口、様々な物事を斜めに眺め始めていたそのとき、テレビ画面から安倍なつみさんのこんな声が聞こえてきたのです。

〃そうよ　青春はカーニバル
踊る人に　見てる人
同じ人なら踊ろぜワイヤイ〃

私はその時、直感的に「自分は踊る人でありたい」と思いました。いくら下手でも不恰好でも、踊る側の人間でありたいと、強烈にそう思いました。つんく♂さんが生み出してくださったあのフレーズが、私の人生の根幹にあります。あの歌詞のおかげで、私は今でも恥ずかしがることなく、自分の文章を人前に曝け出し続けることができるのです。

私は小説家なので、やはり、つんく♂さんが生み出す言葉に意識が向きます。（もちろん音楽も好きです。ただ、一介の小説家に音楽的側面をいくら褒められても嬉しくないと思いますので……好きな曲だけとりあえず挙げさせていただくと、特に太陽とシスコムーンの『宇宙でLa Ta Ta』、モーニング娘。の『THE マンパワー!!!』があまりにもかっこいいです！）

私は、つんく♂さんの歌詞の根底にある「アイドルを一人の人間として捉えている」ところが大好きです。昨今のアイドルソングの中には、〝アイドル＝少女〟を大変都合のいいものとして描いているものも多いです。主人公は「引込み思案な私」、そんな影のうすい私に「振り向いてくれた優しい君」……そんな、男の都合のいい妄想から生まれたアイドル像のようなものを、つんく♂さんはその言葉の力で蹴飛ばしてくれている気がするのです。

たとえば最近の曲で言うと、『「アイドルはロボット」って昭和の話ね』の「アイドルはロボットって方が本当は楽なのよ」というフレーズにしびれました。私は、「アイドルはロボットって方が楽なのよ（あなたたち、は）」と受け止めました。アイドルはロボットなんかじゃない、でもそう思ってしまえれば楽だから、あなたたちはそう思いたいんでしょう?――そんな風に、アイドルから突き付けられているような気がしました。

また、『Give me 愛《ラブ》』の「こんな風に人をスキになるのなんてもっと先だと思ってた」も、アイドルが背負わされがちな都合の良さを蹴飛ばしている代表的なフレーズだと思います。普通だと、恋愛禁止のイメージが強いアイドルが歌うということもあり、「こんな風に人をスキになるのなんて一生ないと思ってた」と言うように歌わせてしまうと思うんです。だけど、だけど、「もっと先だと」歌われることで聞き手はハッとします。そうだ、この子たちは、アイドルでなくなった先も生きていくんだ、というか、生きている人生のうち今がアイドルと言うだけで、同じ一人の人間なんだ――そんな風に、死にかけていた思考を叩き起こしてくれるフレーズが、つんく♂さんの歌詞にはたくさんあります。

〝アイドル＝人間〟のままならなさ、みっともなさのようなものを、つんく♂さんは隠しません。だからこんなにも、その表現を信頼したくなるのです。

そして、私事で申し訳ないのですが、伝えさせて下さい。私は四月下旬に『武道館』というタイトルの小説を上梓いたします。武道館を目指す、とあるアイドルグループの物語です。

そしてこれは、ドリームモーニング娘。の『シャイニング バタフライ』をきっかけに書いた作品でもあります。

『武道館』は、グループ内のいざこざやセンター争い、業界裏話などを書いている小説ではありません。アイドル、という、まるでどんな願いも叶えてくれそうな人（いつまでもかわいくいろ・だけど恋愛はするな、というような本来は両立しえない願いをアイドルは叶えてしまいます）が現れたことによってどんどんワガママになっていく消費者側の変化を、アイドルの目線で描いた作品です。そして、ドリームモーニング娘。の武道館コンサートで披露された『シャイニング バタフライ』のパフォーマンスを見て私が感じたことを、小説にしたものなのです。

私はあのステージを見て「アイドルの解放」を感じました。アイドルが、世間の目や固定観念など様々な呪いのようなものから解放された瞬間と申しましょうか。とにかく、あの時感じた衝撃を小説にしたいと、ずっと思っていました。

また、物語の中には〝安達真由〟という、途中で成長期をむかえるキャラクターが出てくるのですが、彼女は鈴木香音さんにインスパイアされて生まれたキャラクターです。勝手ながら、2話は彼女に焦点をあてて書きました。

このように、あまりにもつんく♂さんに影響を受けて書いたこの作品が世に出る前に感謝をお伝えいたしたく筆をとらせていただきました。

勝手ながら、この手紙とは別に、小説も送らせていただけないでしょうか。ただのファンからの献本として受け取っていただければ大変嬉しく思います。

突然のお手紙。失礼いたしました。浅春の折、なにとぞ御自愛ください。

平成二十七年二月十五日

朝井リョウ

つんく♂様

※参考文献『ダ・ヴィンチ』2015年6月号

この手紙を受け取ったつんく♂さんは感動し、（もちろん『武道館』が小説として素晴らしかったからでもありますが）『武道館』に推薦文を寄稿しました。しかし、つんく♂さんでなくともこのような手紙をもらったとしたら、「この人のために何かしてあげたい」と感じるはずです。

この手紙の何が素晴らしいのでしょうか？

それは、

相手を喜ばせることを徹底している

という点です。

そのことが、何よりも手紙の「量」に表れています。これは便箋9枚分の手紙ですが、清書するだけでも一日がかりの作業でしょうし、下書きを含めたらどれほど膨大な時間が費やされたのか分かりません。さらにその内容は、あらゆる角度から相手の仕事を称え、相手を喜ばせることに割かれており、自分を喜ばせるような文章はまったく出てきません。

もしあなたが、このようなサービス精神で文章を書くことができれば、依頼を受けてもらいやすくなることは言うまでもないでしょう。

ただ、今回、一番伝えたいことは、

「そもそも、どうして朝井さんはこの文章を書くことができたのか」

という点です。

その理由は、単に文章力・表現力が高いだけでなく、彼の「本音の思い」が存在しているからです。朝井さんの中には便箋9枚分の思いがすでに存在していたからこそ、この手紙を書くことができ、つんく♂さんを感動させることができたのです。

ここで、改めて思い出してほしいのは

相手を褒《ほ》めるときは、本音でなければならない

という原則です。

「依頼」の技術をどれだけ学んだとしても、技術だけで書かれた文章に人を感動させる力はありません。それよりも、なぜ相手にそのことを依頼したいのか、なぜ「その人でなければならないのか」を本音で伝えることが大事です。

たとえば就職のための手紙であれば、「自分はどうしてその会社で働きたいのか、その会社のどこが素晴らしいと思うのか」という思いがあるはずで、「どこでもいいから会社

郵便はがき

料金受取人払郵便

芝局承認

7127

差出有効期限
平成29年2月
16日まで
(切手は不要です)

105-8790

211

東京都港区虎ノ門1-11-1
虎ノ門MLビル1F

株式会社 文響社 行

フリガナ	
お名前	
ご住所 〒 都道府県 区町市郡	
電話番号	
Eメール	
年齢 才	性別 □男 □女
ご職業(ご選択下さい) 1. 学生〔小学・中学・高校・大学(院)・専門学校〕 2. 会社員・公務員 3. 会社役員 4. 自営業 5. 主婦 6. 無職 7. その他( )	
ご購入作品名	

より良い作品づくりのために皆さまのご意見を参考にさせていただいております。
ご協力よろしくお願いします。

A. 本書を最初に何でお知りになりましたか。

1. 新聞・雑誌の紹介記事(新聞・雑誌名　　　　　　) 2. 書店で実物を見て　3. 人にすすめられて
4. インターネットで見て　5. 著者ブログで見て　6. その他(　　　　　　　　)

B. お買い求めになった動機をお聞かせ下さい。(いくつでも可)

1. 著者の作品が好きだから　2. タイトルが良かったから　3. 表紙が良かったので
4. 内容が面白そうだったから　5. 帯のコメントにひかれて　6. その他(　　　　　　　　)

C. 本書をお読みになってのご意見・ご感想をお聞かせください。

D. 本書をお読みになって、
良くなかった点、こうしたらもっと良くなるのにという点をお聞かせ下さい。

E. 著者に期待する今後の作品テーマは?

F. ご感想・ご意見を広告やホームページ、
本の宣伝・広告等に使わせていただいてもよろしいですか?

1. 実名で可　　2. 匿名で可　　3. 不可

ご協力ありがとうございました。

に入りたい」と思っているのだとしたら相手の心をつかむことはできません。逆に、本音の思いが存在するのであれば、文章の表現力が足りなかったとしても、相手の気持ちに訴えかけ、相手を喜ばせることができるのです。

それでは、今回はそのことを学ぶための題材として

「ファンレター」

を取り上げます。次の文章はミュージシャン(A)へ送ったファンレターですが、例文を読んで課題を見つけてください。

普段ファンレターを書くことがないので緊張しています。私はAさんの大ファンで毎日聴いています。3歳年下の弟がいますが、彼も無理やりAさんのファンにしてやりました(笑)。そういえばこの前友達4人でカラオケに行ってAさんの「絆」を入れたのですがなんとその場にいた人全員この曲知らなくて！　そこでもAさんの宣伝をしておきました。あと、カラオケのPVでAさんの顔が映ったとき美咲という友達が

「好きなタイプじゃない」とか言い出して言い合いになりました。今度のツアーは絶対参加します！　横浜の会場に行きますが次は私の地元にも来て欲しいです。応援してますので頑張ってください！

ファンレターを書く際、多くの人が考えてしまうのは「自分のことを知ってもらいたい」ということでしょう。しかしそれは「自分へのサービス」になってしまっており、自分のことを書けば書くほど、相手の印象に残らないという皮肉な結果になります。そこで、ファンレターでは相手を喜ばせる文章を書く必要があるのですが、どのような内容を書けば喜んでもらうことができるでしょうか？

それではここで、ファンレターをもらうミュージシャンの立場に立ち、どんな内容の手紙をもらったらうれしいか、少し時間を取って考えてみましょう。

ミュージシャン（A）が喜ぶ可能性のある内容は、

・自分の作った曲が誰かの人生に大きな影響を与えている

・曲の内容を理解してくれている（曲に対して深い解釈をしている）
・他の人が褒めない部分を褒めてくれている
・自分の思い入れの深い曲に共感してくれている
・人知れず努力している部分を分かってくれている

などが考えられます。

ただ、このなかでも特に相手を喜ばせられるのは

・自分の作った曲が誰かの人生に大きな影響を与えている

という内容でしょう。

多くの表現者は、誰かの人生にプラスの影響を与えたくて作品をつくっています。Aさんの曲によって、自分がどんな影響を受けたか、自分の人生にとってどれほど大きな意味を持つのかを具体的に伝えましょう。

また、相手を喜ばせるという視点に立つと、例文の冒頭にあった「大ファンです」という言葉についても検討の余地がありそうです。

もちろん、相手にとって、好きでないより好かれていた方がうれしいことに間違いはありません。しかし「ファンです」と言うことは同時に、「私はあなたのお客さんです」という立ち位置を宣言していることでもあります。それよりも、曲の素晴らしさを純粋に書く方が相手にとってはうれしいはずです。

それらの点を踏まえながら、afterの文章をご覧ください。

After

拝啓　突然のお便り失礼いたします。私は武岡留美と申します。現在は、フリーでプログラミングの仕事をしているのですが、Aさんの「絆」という曲にあまりに感動してしまい、思わず手紙を書いてしまいました。

私は仕事中、ラジオを聴いていることが多いのですが、○○FMの○○という番組で、何気なく聞こえてきた曲が気になり、聴いているうちに涙が止まらなくなりました。

それが「絆」でした。

そのとき、私の心に強く残ったのは「目の前の単純作業が、知らない人を輝かせる」というフレーズです。この歌詞を聞いた瞬間、涙があふれて仕事ができなくなり、手を止めて曲に聴き入りました。このとき私が取り組んでいたのは、あるプログラミングのバグを探すというプロジェクトで、一体いつ終わるのか見当もつかず、またこの作業をすることが一体誰の役に立っているかも分からない状況でした。ほとんどノイローゼになりかけていて、このプロジェクトから下ろしてもらおうとも考えていました。そんなとき耳に飛び込んできたのが「目の前の単純作業が、知らない人を輝かせる」という言葉だったのです。それから私は、作業が苦しくなるたびにこの曲を繰り返し聴き、プロジェクトを最後までやり遂げることができました。この困難な仕事をやり終えたときの充実感は、私がプログラマーとして仕事をしてきた中でも最高のものでした。本当にありがとうございます。

「絆」という曲が特に素晴らしいと思うのは、(歌詞の中に「満員電車」や「上司」という言葉が出てくるので会社員のことを歌っているのだと思うのですが)、私のようにフリーで働いている人間の心にも深く響いてくるということです。これまで、他のミュージシャンが作った、会社員が題材の曲を聴いたときは、どこか自分とは違う世界を歌っているような気がしていたのですが、「絆」はまさに自分のことを歌ってくれていると感じました。そして世の中には、私と同じ感覚を持った人が大勢いると思います。どうしてAさんが、会社員のことを歌いながら、それ以外の人をも感動させる曲を書けたのかは想像するしかないのですが、もしかしたらAさんは「会社員の歌」ではなく、「Aさん自身のこと」を歌われたのではないかと思いました（勝手な想像で本当にすみません！）。というのも、私はこの曲を聴くまで、ミュージシャンの方は大勢の人の前で歌う、輝かしい仕事だと考えていました。しかしよくよく考えてみれば、シンガーソングライターの人は、その生活の大半を、一人でコツコツと曲作りをする作業に費やしていて、だからこそ「目の前の単純作業が、知らない人を輝かせる」というフレーズを生み出すことができたような気がしたのです。そして、もしそうなのだとしたら、Aさんにとって私は、このフレーズにある「知らない人」であり、そして同時に、Aさんの曲に救われた存在でもあります。そのことをどうしても伝えたくて筆をとらせていただきました。もちろん「絆」だけではなく、「〇〇」（曲名）も大好きで、いつもAさんの作る曲に支えられながら毎日を生きています。大変お忙しいとは思いますが、お体ご自愛しつつお仕事頑張ってください。素晴らしい曲を作っていただいて、本当にありがとうございました。

敬具

解説

この手紙は「Aの曲がいかに自分の人生に影響を与えているか」ということについて、曲との出会いから、落ち込んでいた自分が立ち直るまでを具体的に書いています。このような書き方をすれば、手紙を受け取ったAさんも自分の曲がどのように人を元気づけているか想像しやすいので、感動してもらえるでしょう。

続く文章では、「曲に対する個人的な解釈」を述べています。この解釈は、もちろんAさんの意図とは違っているかもしれませんが、手紙の差出人がこの曲について深く考えているということが伝わってくるので、Aさんを喜ばせることができます。繰り返しになりますが、「感謝・感動」の手紙を送るとき大事なのは「具体性」と「本音」です。もしあなたが本当にその曲に感動しているのであれば、美辞麗句を並べるよりも、その思いを丁寧に書き綴った方が相手の心をつかむことができます。そして、相手のファンであることはいったん脇に置き、独立した「個人」として、相手の素晴らしさを誠実に伝える姿勢を持つことで、素晴らしいファンレターを書くことができるでしょう。

第六章　まとめ

・相手に依頼するときは、まず相手を喜ばせる。

・相手を喜ばせるためには、本音の思いをあますところなく伝える。

・ファンレターでは自分の話を書くのではなく、相手の作品がいかに自分の人生に良い影響を与えているかについて、できるだけ具体的に伝える。

第七章

『お金の援助を依頼する手紙』『著名人に会うための手紙』

難易度の高い依頼では、「誠実さ」と「自信」を伝える

前章では、手紙で依頼する際に相手を喜ばせることを中心に見てきましたが、依頼内容によっては、相手に深く踏み込んでお願いしなければならない場合があります。

それは、たとえば「お金の援助」を依頼する手紙です。

このようなデリケートな場面ではいかに相手の不安を和らげるか、そして応援したいという気持ちになってもらえるかが重要になってきます。

そのために必要なのは、相手の立場に立ち、相手が抱くであろう不安を色々な角度から解消していくことです。

それでは、受け手の気持ちになって次の文章を読んでみてください。これは最近会社を立ち上げることになった人が、親戚のAさんに資金援助を依頼した手紙です。

拝啓　初春の候、A様におかれましてはますますご繁栄のこととお慶び申し上げます。
ところでこのたび、八年間勤めたB商事を退職し、元同僚と新会社を立ち上げる運びとなりました。事業内容はスマートフォン関連で、今後も伸び続けることが期待できる業界です。自分たちの資金も持ち出していますが投資希望者を募っており、A様

にもお声掛けさせていただきました。事業計画書を同封しましたので、お目通しいただけると幸いです。投資と言いましてもまったく危険なものではなく、出資金の大半を保証する仕組みについても考えてあります。詳しい内容は直接お会いしてお話しできればと思っています。よろしくお願い致します。

敬具

まず、この手紙の受け手であるAさんが、一番不安に思うであろうことは何でしょうか？

それは

「投資をしたら自分のお金が失われるのではないか？」

ということです。

その点に関して、この手紙では「投資と言いましてもまったく危険なものではなく、出資金の大半を保証する仕組みについても考えてあります」と言っていますが、怪しい雰囲気は無くなるどころか、むしろ増しているようにも思えます。たとえば会社の面接で、「私は打たれ強いです」と自己申告したとしても、実際に打たれ強いかどうかは面接官が感じ取るものであって、直接口にしても説得力があるわけではないのと同様です。

では、どうすればこの課題をクリアできるでしょうか？

そのためには、まず、この手紙全体を通して「誠実な人間である」ことを伝える必要があります。

人は、誠実な人間を応援したくなるものですし、投資するお金への安心感も増すはずです。また、手紙に表れる誠実さがそのまま仕事に対する姿勢だと解釈してもらえれば、「この人は事業を始めてもうまくいきそうだ」と期待してもらうこともできます。

では、どうすれば誠実さの伝わる手紙を書くことができるでしょうか？

まず、基本的なことではありますが、今回のケースでは細部にも徹底的にこだわりたいところです。誤字脱字がない、字が丁寧である、字の間違いを修正液などを使わず清書し直している……この手紙はいわば自分の広告とも言えるものなので手を抜かないようにしましょう。

加えて、文章の内容でも誠実さを伝える必要があります。

そのためには、新しく始める事業への熱い思いや夢、その事業が社会にとっていかに必要なものであるかという「大義」を伝えることが大切です。そのことが分かっていれば、例文のように
「スマートフォン関連で、今後も伸び続けることが期待できる業界です」
というあっさりとした書き方ではなく、自分の持つ夢を具体的に伝える内容になるはずです。
　これらの点に注意しつつ、after の文章をご覧ください。

After

拝啓　初春の候、A様におかれましてはますますご繁栄のこととお慶び申し上げます。
　ところでこのたび、八年間勤めたB商事を退職し、元同僚と新たな会社を立ち上げる運びとなりましたのでご報告させていただきます。私は前職では人事部に配属され、社員研修を中心とした仕事をしてきました。入社当初は希望した部署ではなかっ

たので不満もありましたが、仕事が始まるとどんどんのめりこみ、これこそが自分の天職であると思えるようになりました。というのも、研修とはいわば教育事業なのですが、社会人の仕事に対する悩みは切実であり、だからこそ真剣に学ぼうとする人たちを応援することにやりがいを見出すことができたのです。また、ほとんどの人が人生の大半を「仕事」に費やすということは、仕事における教育は、その人を生涯にわたって支えていくものであることを実感しました。そして昨年、社会人としてのマナーを再確認したいという社内の要望に応え、携帯電話でも学べるマナー研修用のアプリを開発したのですが、これが大好評で社外にも売り出すようになったのです。この経験を通じて、携帯電話を使った社員教育の分野を開発することで、社内の人間だけではなく、日本全国の社会人に対して「どこにいても学べる」という新たな教育環境を提供できるのではないかと考えるようになりました。インターネットによって、社会人が学歴や所属会社に関係なく優れた教育を受けることができる――その世界を作ることは、人生を賭ける価値のある夢だと感じています。そこでB商事を円満退職し、同じ部署で働いていた同僚と共に、社会人の教育に特化した新会社を立ち上げることにしました。資本金は、私と彼の退職金と貯金を充てていますが、さらに大きく事業を展開する場合を想定して資金を募っています。そこでA様にもお声掛けさせていただきたく、手紙を送らせていただいた次第です。

事業計画書を同封しましたが、お時間あるときお話しさせていただければと思います。今後のA様のますますのご発展をお祈りしています。

敬具

解説

「夢」と「社会意義」を自分の言葉で語っており、差出人の誠実さが伝わってきます。

また、社会人として働き始めてから、新会社設立までの流れを書いているので、新たな事業を始める説得力もあります。

また、この文章にはそういった「誠実さ」とは別に、相手を安心させるポイントがあります。それは次の一文です。


社内の要望に応え、携帯電話でも学べるマナー研修用のアプリを開発したのですが、これが大好評で社外にも売り出すようになったのです。

これは、一言で言うと「**実績**」です。

そして、「夢」や「大義」を語る際に気をつけなければならないのが、そうした話に終始してしまうと、相手に「現実が見えていない」という印象を与えてしまう危険性があるということです。もちろん、相手にアピールできる実績がない場合もあるわけですが、信頼を得られる可能性のある情報は、できるだけ手紙に盛り込む必要があります。

そのことがよく表されている手紙を紹介します。小説家の川端康成が文芸誌の『新思潮』を発刊するために、親戚の川端岩次郎に借金を依頼した際の手紙です。

（中略）

いよいよ東京に来てから初めて独居することになってこれから一勉強だと決心しています。徒然の時も間々あることと思いますから、そんな折お便りするつもりです。

お蔭でこのごろやっと前途に目鼻がついてきました。来年は有意義な年になるだろうと楽しんでいます。芝居の方にも小説の方にも出世の糸口がみつかって参りました。

芝居では書物の勉強以外、松竹合名社の研究員に大学の推薦でなりました。日が浅

く、思うように活動できませんが、信用も出来てきましたから来年あたりから腕次第の仕事をします。でも外部から見ていると芝居に関係するのは生活を非常に華やかに思われますが内面に入ってみると随分嫌なことがあります。所詮脚本家になるくらいで到底経営者や監督者になる勇気は出かねます。自分の書いた物が舞台に上映されたらどんなに愉快だろうと心勇んでいます。

小説の方ではもっと確実に前途が保証されて来ました。大学で昔から新進を紹介する機関になっている「新思潮」という雑誌を来年から友達四人と出すことに定まって、著名な先輩たちの承諾を得ました。正月には都合悪いので二月に創刊します。つい此間まで偉い大家と尊敬してた人たちが直手近にいて夢のようです。周囲の状況が総て極上で後は自分の腕次第です。

少なくとも文学者的には立派に立身してみせるという自信がつきました。

ついては、度重なって今更申し上げられた義理ではありませんが「新思潮」の基本金として、三十五円程拝借致したいのでございます。自身でも一体何時までお世話になっているのかと情けなくなりまして、申しづらいのですが。ちっぽけな雑誌ですけれど四五百出すのに二百円かかります。毎月出すとして百円くらいの損失がありますす。これを五人で負担する訳です。幸い後援者があって大変助かっているのですが、広告や大家への御馳走やその他の経費で三十五円今基本として出金することになりました。出所がないので窮余お願いするのです。二月以後は「新思潮同人」という肩書で翻訳その他で損失を償って参る決心です。その代わり必ず文壇には認められる自信があります。

入学当初から以外の経費で恐縮している矢先ですし、これからも種々無理を云わねばなりませんので、蒲生に云い出し兼ね、実は九月にも一度雑誌の話が出て頼んでみましたが駄目だったので、途方もない御願するのです。

来年の夏頃から多少名も知られ、実力もできる予定ですから、機を見て必ず御返却いたします。厚顔な云状ですが悪からず御諒察下さいませ。

お正月にお目にかかってから願うにしてもと思ったのですが、昨今にさしせまり友人にもすまないので、手紙で失礼します。

いずれ御拝眉の折に詳しく。

二十五日

川端岩次郎様

川端康成

※参考文献『川端康成　大阪茨木時代と青春書簡集』笹川隆平著　和泉書院

この手紙を読むと、川端康成が小説家・脚本家としていかに勢いがあるかということを「アピール」していることが分かります。第二章で、手紙では「自慢」をしてはいけないと言いましたが――そして、もちろんあからさまな自慢は良くありませんが――このケースでは相手を安心させる要素として、「自信」を見せていく必要があるというわけです。

繰り返しますが、お金を援助する側が一番不安になるのは「お金を失うこと」です。その不安を解消するには、「誠実さ」と「実績（自信）」の両輪が必要になります。相手を安心させる材料になりそうな実績はできるだけ手紙に書き入れ、新しく始める事業に対しての自信が伝わる文章を心がけましょう。

さて、これまで前章から二章にわたって「難易度の高い依頼の手紙」について見てきましたが、最後のまとめとして

「著名人に会う」

という場面を取り上げたいと思います。

この手紙はかなりニーズの高いものですが、ただ会いたいというだけで会ってもらえる

可能性はほぼありません。いかに相手を喜ばせ、相手に何を与えられるのか、これまで学んだ技術を駆使して臨みましょう。

また、もし手紙で会いたいという旨を伝えて実現しなかったとしても、その手紙が相手を喜ばせることができていれば、何か月後、何年後かに違う展開を生むこともあります。私自身も、ある方に手紙を出したとき、最初は何の音沙汰もなかったのですが、その二年後に偶然お会いする機会があり、その方は私の出した手紙を覚えていてくださったので、それから一緒に仕事をすることができました。良い手紙を書くことは相手との関係を必ず向上してくれるので、時間をかけて何度も書き直し、最高の手紙に仕上げてみてください。また、ここで学ぶ考え方は、たとえば「著名人への講演依頼」や、「名医への診察依頼」など、様々な場面への応用が可能なのでぜひ集中して取り組んでください。

それでは、例文を見てみましょう。これは、有名な経営者へ出した手紙ですがこの文章の課題は何でしょうか？

拝啓　初めまして、前田卓郎と申します。このたびお手紙を差し上げたのは、上田様のお書きになられた「経営哲学」を読み非常に感銘を受けたからです。私が特に感動

したのは、上田様は、すべての商品で40%以上の利益を取らない、という話です。私が過去に読んだビジネス書では「できるだけ利益率の高い事業をするように」と書いてある本ばかりだったのですが、上田様の経営ではその逆で、できるかぎりお客様に利益を還元することを念頭に置いており、そうした会社こそが繁栄するという話は本当に感動的でした。まさに経営学者のドラッカーの言う「真摯《しんし》さ」に通じるものがあると感じました。まだ社会人5年目の若輩者の私ですが、もしできることなら上田様にお会いして経営哲学についておうかがいできればと思っています。よろしくお願い致します。

敬具

一見、常識的に見えるこの手紙ですが、多くの課題を見つけることができます。まず冒頭では、会社名も仕事内容も書かれておらず不十分です。そのあとは、「相手を喜ばせる」という文章に向かっているのですが、感動の熱量・具体性が足りません。通常会うことのできない相手に送る手紙では、相手への感謝・感動はすべて書き尽くす姿勢が必要です。

また、ドラッカーを引き合いに出し「ドラッカーの言う『真摯さ』に通じるものがある」と書いていますが、この手紙の受け手がドラッカーを尊敬していることが予《あらかじ》め分かっている場合を除き、止めておきましょう。

これは多くの人が犯しがちな失敗なので、次のことを覚えておいてください。

・手紙の中では相手を誰かと比較しない

相手を褒める際に、つい他の人を引き合いに出したくなるものですが、相手がその人をどう評価しているかは分からないので気分を害してしまう可能性があります。特に、相手の同業者などを引き合いに出さないよう注意しましょう。

そして最後の「お会いしてお話がしたい」ですが、ここでの最大の課題は

相手のメリットが提示されていない

という点です。

特にこうした「会いたい」という手紙では「相手に何が与えられるか」を考え尽くさね

ばなりません。もしそれが思いつかない場合であれば、依頼をせずに「相手を喜ばせるだけの手紙」に留めることも検討しましょう。

そして忘れてはならないのが「誠実さ」と「実績」です。例文の手紙ではその両方が欠けていました。

では、それらの点を意識しながら、after の手紙を見てみましょう。

After

拝啓　突然のお便り失礼いたします。私、A株式会社人事部所属の前田卓郎と申します。

このたびお手紙を差し上げましたのは、上田様のご著書である「経営哲学」を読み、あまりにも感動してしまったからです。お客様に一円でも得をしてもらうためにコストカットを徹底するための苦闘や、世界初の流通システムを開発するエピソードなど興味深い話ばかりだったのですが、その中でも私が特に感銘を受けたのは、「すべての商品で40％以上の利益を取らない」という信念です。というのも、これまで私が読んできた多くのビジネス書ではむしろその逆の、「利益率の高い事業を選べ」「ビジネスは粗利で決まる」などと書かれてあったからです。そうした考えに私自身、違和感を持っていたのですが、「経営哲学」を読むことで、「お客様の立場に立つ」ことの真の意味を理解することができました。そして、リーマンショックで上田様の会社が窮地に追い込まれたとき、お客様と社員の方を守るために奔走する姿には涙を流しました。ビジネス書を読んで泣いたのは初めての経験であり、自分もこの本に書かれてあるようなビジネスマンになりたい、そのためには今以上に目の前の仕事に打ち込み、会社と社会の発展に寄与しなければならないと背筋の伸びる思いがしました。素晴らしいご著書を、本当にありがとうございました。

現在私はA株式会社の人事部でキャリア形成のチームリーダーを務めていますが、弊社の社内報は希望者が手を挙げて自由に作れる制度になっています（その制度のお陰で、社内報が形骸化している会社も多いと言われる中、弊社の社内報は社員に人気の媒体となっています）。そこで、これはもう本当に厚かましいお願いなのですが、上田様に30分ほどインタビューさせていただき、そのお話を社内で共有させていただくことはできないでしょうか？　その理由はやはり、一人でも多くの人に「経営哲学」の考え方を知ってもらいたいという思いがあります。また、（これは私がビジネスマンとして未熟なことが原因でもあるのですが）「経営哲学」を読んだとき私のような一般的な会社員はきっとこんな疑問を感じるだろう、と思われる箇所があったからです。そして、その疑問に対する上田様の解答は、弊社の社員を勇気づけ、さらなる仕事の充実に導くことができると確信しています。また、可能であれば、出版社に問い合わせ「経営哲学」を30冊ほど購入させていただき、社内報で希望者を募りご著書を譲りたいと考えています。こんなことをすると、弊社社長から「お前は、上田氏の回し者か」と言われかねませんが、そう言う社長に対しても「経営哲学」を推薦し、社長ともども上田信者に育て上げる所存です。どうぞ前向きにご検討いただければ幸いです。

お忙しい中、拙い手紙を最後まで読んでいただき感謝いたします。今後の上田様と株式会社〇〇（上田氏が創業した会社名）のご発展を心よりお祈りしています。

敬具

解説

まず冒頭で、自分の素性をはっきりと伝え、受け手に安心感を持ってもらいます。そして、「感謝・感動」の内容ですが、この部分はどれだけ長くなってもかまわないので、本音の感動を具体的に、詳しく書くようにしましょう。そのためには、上田氏の著書を読み込んでおく必要があります。また、手紙の書き手が仕事での幅広い経験を積んでいれば、「仕事のことが分かっているな」と相手をうならせるような内容を書くことができるでしょう。これまでの、自身の仕事への姿勢が問われる手紙でもあります。

そしていよいよ「会いたい」という依頼ですが、ここでは「社内報のインタビューをしたい」という形で切り出しています。ただ「会って話がしたい」に比べて、「インタビューをして素晴らしさを広めたい」という提案であれば会いやすくなるはずです。さらに、ここでは会う時間を30分と決めています。経営者の人が不安に思うのは「時間を奪われる」ことだと予想されるので、こうした内容は相手に安心してもらう効果が期待できます。

このように、**相手がこちらの依頼を受けやすくするようにハードルを下げていく**という発想は非常に重要です。

さらに自分の会社での実績を伝えつつ、「社内報が自由に作れる」という流れで自分の所属する会社を褒めています。これは経営者に手紙を送る際のポイントとも言えますが、経営者は「自分の会社を愛していない人間を信用しない」ものです。また、今は会社に所属していなくても、過去に所属していた会社を悪く言うと信用を大きく失うことになるので注意しましょう。

続く文章で注目したいのは、次の箇所です。

「経営哲学」を読んだとき一般的な会社員はきっとこんな疑問を感じるだろう、と思われる箇所があったからです。

これは一見、著書を批判しているように見えるかもしれませんが、冒頭で全面的に褒めた上で、「それでも、一般の会社員には分からないところがある」と言うことで、上田氏に「もし会社員の気持ちに気づけていないことがあるのなら知りたい」と思ってもらう狙いがあります。こうした意見を伝えることも、「相手に与えられる」ことの一つだと言えるでしょう。また、after の例文では「私がビジネスマンとして未熟なことが原因でもあるのですが」と前置きすることで、相手の気分を害さないように気遣っています。

続いて、「本を購入して社員に配る」という具体的なメリットを示しつつ、次の一文では「弊社の社長から『お前は、上田氏の回し者か』と言われかねませんが……」などとユーモアを挟んでいます。ここまで礼儀正しく文章を進めてきているので、ここで多少のユーモアを混ぜて可愛げを見せるのも効果的でしょう。

そして最後は礼儀正しく締め、常識ある社会人であることを再度アピールします。

第七章　まとめ

- 依頼をする際の手紙は、自分の広告だととらえる。誤字脱字のチェックはもちろんのこと、字の丁寧さなど細部にもこだわる。
- 依頼される側がどんな不安を抱くか想像し、その不安を解消する。
- 「誠実さ」だけではなく、「実績」を盛り込むことで信用してもらう。
- 依頼する相手への感動の言葉はすべて書き尽くす。
- 依頼する相手にどんなメリットを与えられるかを考える。
- 相手に与えられることが思い浮かばない場合は、あえて依頼をせず相手を喜ばせるだけに留める。
- ただ「会いたい」と言うのではなく、相手が依頼を受けやすくなるような工夫をする。

第八章

『断りの手紙』

相手の要求を断りつつ、嫌われない方法

前章、前々章と「相手へ依頼する」手紙を見てきましたが、今回は逆の立場である、「依頼を断る」手紙について考えてみましょう。

友人や両親、親戚など関係の近い人や、上司や目上の人からものごとを頼まれると、断りたくても断りづらい場合があります。しかし、その場の勢いで引き受けてしまうと後から後悔することになるので、「相手を気遣いながら断る」技術を身につけましょう。また、この内容は手紙のみならず、日常生活においても人からの依頼を断る際の考え方として応用することができます。

それでは見ていきますが、断りの手紙の題材として

「借金の依頼を断る」


を取り上げます。不動産業を営むAさんからお金を貸してほしいという依頼があったのですが、その依頼を断る手紙です。

それでは、次の文章を読んで課題を見つけてみましょう。

拝啓　今回、お手紙を差し上げたのは、先日お会いしたときに出たお話の件です。今後の経済の流れを見ると、不動産業の将来は読めないので、お金の援助は少し難しいと感じています。援助したい気持ちはやまやまなのですが……電話でお話ししようとも思ったのですが、手紙にて失礼します。

敬具

手紙の内容から「お金を貸すことができなくて申し訳ない」という雰囲気は伝わってくるものの、いくつかの課題を抱えています。

まず第一の問題は、「お金を貸すことはできない」という気持ちをはっきり伝えていないことです。文中の「少し難しい」という表現もあいまいですし、「不動産業の将来が読めない」と言うと、相手側からしたら反論したくなるはずです。

また、終わり方も相手を突き放すような感じなので、相手に悪感情を抱かせてしまう可能性があります。

それではここで、ある手紙をご紹介しましょう。

これは、夏目漱石が弟子からの借金依頼を断る際に送った手紙です。

お手紙拝見
ご希望に添えず申し訳ないけれども今貸してあげる金はない。（中略）僕の親類に不幸があって、そのため葬式その他の費用を少し援助してやった。だから今うちには何もない。僕の財布に金があればあげるのだが、財布も空だ。
君の原稿料の支払いを出版社が延ばすように、君も家賃の支払いを延ばしなさい。家主がぐずぐず文句を言ったら、出版社から原稿料が取れたときに支払うよりほかに、致し方ありませんと言って、相手にしないでいなさい。君が悪いんじゃないから、かまわないじゃないか。早々。
8月1日
飯田青涼様
財布を見たら一円あるから、これで酒でも飲んで気を大きくし、家賃を追っ払いなさい。

※参考文献『夏目漱石の手紙に学ぶ 伝える工夫』中川越著 マガジンハウス

師匠と弟子の関係なので、例文とは少し関係性が違いますが、依頼を断る際に何をすべきかの良いお手本になります。

まず、冒頭に
「今貸してあげる金はない」

という結論をはっきりと伝えています。依頼を断る手紙では、まず最初に断る意志を伝え、そのあとの文章でフォローする形が良いでしょう。

そして、お金を貸せない理由ですが、

「僕の親類に不幸があって、葬式の費用を援助した」

と言っています。依頼を断る際に、「今は、こういう理由でお金がない」「今後、こういうことをやるためにお金を貯めている」など具体的に言うことで、「この人にお金を借りるのは申し訳ないな」と思ってもらう効果があります。

そして、この手紙が秀逸なのは、最後の一行です。


財布を見たら一円あるから、これで酒でも飲んで気を大きくし、家賃を追っ払いなさい。

冒頭に「貸してあげる金はない」とはっきり書かれているので、手紙の受け手・飯田青涼は、お金を借りることをあきらめていたでしょう。しかし、最後に漱石から思いがけない援助があったので、漱石に対して悪感情を抱くどころか尊敬の念を持ったはずです。依頼を断ったとしても、相手のためにできることを提案すれば、相手との良好な関係を保つことができるのです。

その点を踏まえながら、after の文章を見てみましょう。

After

拝啓　今回お手紙を差し上げたのは、先日お会いしたときに出ましたお金の件です。

本当に申し訳ないのですが、今回の件は、お断りさせていただきたいと思います。Aさんには父ともどもお世話になっていて、〇〇の土地の件でご尽力いただいたことは今でも覚えています。しかし、現在、私の会社は銀行からの借入金の返済に追われており、資金を捻出できないのが現状です。これもひとえに私の力不足ですが、Aさんのご期待に添えず申し訳ない限りです。

ところで、先日お話に出た、史郎くんの東京での就職活動の件ですが、史郎くんが建築に興味があるのであれば、会社を見学してもらったり、他社の友人を紹介することができますので気軽におっしゃってください。Aさんの今後のご発展を心よりお祈りしています。

敬具

解説

まず最初に、「お金を貸すことはできない」ということをはっきりと伝えています。さらにそのあとは、過去、相手にお世話になった出来事に触れることで、「過去の恩を忘れたわけではない」ことを伝え、それでも事情が許さず、断らざるを得ないと続けていきます。また、その理由として「銀行からの借入金の返済に追われている」という具体的な状況を伝えています。

そして最後に、「お金以外」で相手の役に立つことを提案しています。

相手を一方的に突き放すのではなく、「お金を貸したくない」という欲求と「相手を傷つけたくない」という相反する欲求を満たそうと努力する姿勢は、手紙のみならず、仕事や家庭の人間関係でも大いに役立てることができます。日常生活でこのような場面に遭遇したときはぜひ、相手を気遣いながらこちらの要求を伝える訓練をしてみましょう。

第八章　まとめ

- 依頼を断るときは、最初に結論をはっきりと伝える。
- 依頼を断らざるを得ない事情を具体的に言う。
- 依頼を断ったあとは、相手のためにできることを考えて提案する。

第九章

『お見舞いの手紙』

手紙におけるユーモアは「愛嬌《あいきょう》」をマスターする

今回は、手紙におけるユーモアを見ていきます。

ただ、ユーモアと聞くと「苦手だ」と感じたり「リスクのあることは書きたくない」と考える人もいるでしょう。もちろん、無理にユーモアを取り入れる必要はなく、他の技術だけで十分相手の気持ちをつかむことはできます。しかし、ユーモアを使えるようになると文章の幅も広がり、また、手紙を書くのが楽しくなるという効果もあるのでぜひ取り組んでみてください。

それでは、まず最初に

「手紙において効果のあるユーモアとは何か」

について考えてみましょう。

ユーモアと一言で言っても、皮肉や毒舌など、様々な種類のものが存在します。しかし、直接の会話と違って、手紙では相手の反応を見てフォローすることができないので、相手の気分を害する可能性のあるものはできるだけ避けましょう。

そこで、相手の気分を害さず、こちらを魅力的に見せることのできるユーモアとは何かということですが、ぜひ身につけてほしいのが

「愛嬌」です。

堅い内容の手紙でも、可愛げがある箇所が一つでもあれば相手は心を開いてくれるので、依頼を受けてもらいやすくなったり、緊迫した雰囲気が和らいだりします。

では、具体的に、どうすれば相手に「愛嬌がある」と思ってもらえるかということですが、その方法を一言で言うと、

「本音」と「気遣い」を両方出す

です。

これは、言葉で説明するより具体例を見てもらった方が良いでしょう。

次の文章は、多忙なデザイナーの加藤さん(仮名)に出した仕事の催促《さいそく》のメールです。

編集者が何度も催促したのですが返信がなく、しかしこれ以上しつこくすると関係が悪化しそうだったので、やむなく私が、直接催促のメールを出しました。どんな内容にすれば良いか迷ったのですが、ちょうどクリスマスの時期だったこともあり次の文章になりました。

>加藤さまへ

先日、編集のAからお送りした「○○（作品名）」のスケジュールの件いかがでしょうか！？

編集者から、2月には必ず出版したいと言われているので具体的な日にちを出していただけると助かります。
年末でお忙しいとは思いますが、今日はクリスマスなので、加藤サンタからのプレゼント的な感じでスケジュールが出るかもしれない、などと期待しつつメールしたのですが、逆の立場で言えば、水野サンタからの加藤さんへのプレゼントは「あまりせっつかない」ということになるかもしれないので、すみません、クリスマスに関してはいったん忘れてください笑

デザイン部分で3か月以上かけてしまっている企画なので、2月出版のスケジュールには著者の私としても間に合わせたいと考えています。なにとぞよろしくお願いいたします！

さて、ここでの本音は「早くデザインをあげてほしい」ということですが、それをそのまま伝えてしまうと相手をイラ立たせてしまい、ますます期日が遅れる可能性がありま す。そこで相手の立場に立ち、「あまり催促されるのは嫌だろう」と相手を気遣いつつ、本音を恐る恐る出していきました。太字の部分は「ほぼ何も言っていない」に等しいのですが、「可愛げ」があり、相手の「リクエストに応えてあげたい」という気持ちを引き出す効果があります。実際、このデザイナーの方にはすぐにスケジュールを出してもらうことができ、予定通り本を出版することができました。

なぜ、本音と気遣いを出すことが「愛嬌がある」と映るのでしょうか。

その理由は、愛嬌とはいわば「人間らしさ」だからです。相手を気遣うだけの文章だと、丁寧ではあるけれど、他人行儀で機械的な文章――もっと言えば「ウソくさい」文章になってしまいます。しかし、本音をそのままぶつけると、正直であると同時に「わがまな人」になってしまいます。そこで、本音と気遣いを両方出し、葛藤している自分を見せることで相手は「愛嬌」を感じてくれるのです。

それでは次に、相手を気遣いながら本音を出すことで、相手との気まずい空気を緩和することに成功している例をご紹介しましょう。

『華麗なるギャツビー』で知られる、スコット・F・フィッツジェラルドの作品についてヘミングウェイが感想を送った手紙です。この手紙では、冒頭からヘミングウェイの、フィッツジェラルドに対する辛辣《しんらつ》な意見が書き連ねられるのですが、途中、「本音」が挿し込まれます。太字の部分に注目してください。

（中略）

本当に頼むから書いてくれ。人がどう言うだろうとか、傑作だろうとか、そんなことは気にするな。ぼくなど1ページの傑作を書くために91ページもゴミを書いている。ゴミはなるべくゴミ箱に入れるよう努めているが。きみは生きるために、そして家族を生かすために駄作を書いて稼がないといけないと思っているだろう。そう思うのはいいが、量をこなしつつできるだけいい作品を書いていれば、同量の傑作材料（イエール大ではこう言う）が手に入る。机に向かってじっくり考えたうえで、計算しつくされた傑作を書くというのはきみには無理だ。きみをだめにしかけたセルデスとその仲間とは縁を切り、できるだけ遠ざけておくにかぎる。作品の出来がよければ人は騒ぎ、そうでなければあざ笑う。勝手にさせておけばいいんだ。

きみ自身の悲劇は忘れることだ。我々はみな最初から悪口を言われている。特にきみはさんざんな目に遭わないとちゃんとしたものが書けない。だが、そのいまいましい体験を利用すればいいんだ。――ごまかそうとせずに。科学者のように、誠実にそういう体験と向き合うことだ。ただ、そういうことがきみか家族の誰かに起きるからといって、それが重要なことだなどと思わないように。

――いいかげん私の言葉に腹が立ってきたんじゃないかな。まあ、無理もない。しかし、人に書き方だの生き方だの死に方だのを説教するのは気分がいいもんだな。

※参考文献『注目すべき125通の手紙　その時代に生きた人々の記憶』ショーン・アッシャー編　北川玲訳　創元社

これはまさに相手を気遣いながら本音を見せており、読み手は思わずニヤリとさせられます。こうした一文があったからこそ、フィッツジェラルドも苦笑いしながらヘミングウェイの意見を聞き入れたことでしょう。

ユーモアに関しては、この「愛嬌」をマスターすればかなりの状況に対応できますが、ユーモアを書く際に、一点、注意しておいてもらいたいことがあります。

次の文章を見比べてみてください。これはある人が制作した映像作品を観て、その感想を伝える際の文章です。

Ａ　今回の作品は本当に笑いと涙が止まらず、こうして手紙を書いている今も、笑いと涙が止まっておらず、まっすぐ字を書くのに苦労しています！

Ｂ　今回の作品は笑いが涙を支えている、素晴らしい作品だと思いました。ただ、唯一残念だったのは、上映中、隣の席で見ていた友人の笑い声と泣き声がうるさくて超うっとうしかったことです。

どちらの文章も「笑いと涙にあふれた素晴らしい作品だった」ということを伝えようとしています。しかし、Ａは、笑いと涙を大げさに表現して笑いを取ろうとしていますが、作品の素晴らしさを「茶化している」印象を与えてしまい、感動したという言葉がウソくさくなってしまっています。

対してＢは、「唯一残念だったのは」と毒を吐いているように見えますが、友人が大声で笑ったり泣いたりしていたということを言っており、映像作品をしっかり褒めています。

これは微妙な差ではありますが、ユーモアを書く際も、やはり一番大事にしてもらいたいのは、

「受け手の立場に立って考えること」

です。そしてあなたの使うユーモアが、受け手にネガティブな印象を与えていないか検証するようにしましょう。

それでは次の文章をご覧ください。

これは、胃の病気で入院した取引先のAさんに送ったお見舞いの手紙です。課題を見つけてみましょう。

拝啓　昨日、Aさんが入院されていることを知り、お手紙を差し上げています。

ずっとご無沙汰だったとはいえ、知るのが遅れてしまいましたこと、大変申し訳なく思っております。その後の経過はいかがでしょうか。

すぐにでもお見舞いに駆けつけたいのですが、遠方のため、遅れてしまうことをど

うかお許しください。

焦らず治療に専念し、一日も早く回復することを心からお祈りしています。ささやかではございますがお見舞いの品をお送りいたしましたので、どうぞお納めください。

まずは書中にてお見舞いまで。

敬具

これは丁寧な文章ではありますが、お見舞いの手紙の定型文になってしまっています。特に、今回は相手が身体を悪くしている状態なので、できるだけ心の通った文章で元気づけたいところです。こういった状況ではユーモアが効果を発揮するでしょう。相手に対する気遣いと本音を両方出し「愛嬌」を演出することで、可愛げのある文章を目指しましょう。

それでは、after の文章をご覧ください。

After

拝啓　昨日、Aさんが入院されていることを同僚の熊谷から教えてもらい「なんでもっと早く言わないんだっ！」と、熊谷を一喝しているところです。Aさんが胃のご病気ということで、熊谷にはAさんが退院するまで「ひえとあわ以外、口にしないこと」を固く命じておきました。

お体大丈夫ですか⁉

すぐにでもお見舞いに行きたいのですが、いかんせん今、福岡に出張中なので……いや、もう、行ったろかい！　仕事全部すっぽかして、会社クビになる覚悟でAさんの見舞いに行ったろかい！　と鼻息荒くしている自分がいます。この手紙が届くころには、すでに僕、病院の前に立ってるかもしれません。

それが万が一かなわなかったとしても、来月には東京に戻るので、その際にはお見舞いに行かせていただければと思います。そのときすでにAさんが退院していたとしても、病院のナースさんに「Aさんの寝ていたベッドどれ⁉」と聞いて、「君が病気のAさんを支えてたベッドか！　ご苦労様ぁ！」と頬ずりしに行く所存です。というか、退院されたらぜひ快気祝いしましょう。Aさんの大好きなところろ蕎麦おごらせてくださいってAさんなんでとろろ蕎麦好きなんですか！　こういうときのためにフォアグラとかキャビアとか高級食材好きでいてくださいよ！　おごり甲斐がないわ！

……すみません、つい勢いでAさんの好きな食べ物に八つ当たりしてしまいましたが、退院しておいしいとろろ蕎麦が食べられるよう、お体ご自愛しながらゆっくり休養なさってください。一日も早く回復されることを心より願っています。

敬具

追伸　私の独断と偏見で、Aさんに気に入っていただけそうな本を送らせていただきました。もしつまらなかったら、次回お会いするときその本で私の頬を思い切りひっぱたいてください。

解説

この手紙ではAさんの体調を心配しながらも、いたるところに自分の「本音」を挿入することで愛嬌を演出しています。

いかんせん今、福岡に出張中なので……いや、もう、行ったろかい！

快気祝いしましょう。Aさんの大好きなとろろ蕎麦おごらせてください！　ってAさんなんでとろろ蕎麦好きなんですか！　こういうときのためにフォアグラとかキャビアとか高級な食材好きでいてくださいよ！

などは、最初に気遣いを出し、後半で本音を挿入しています。

ちなみに、今回の after ではふんだんにユーモアを取り入れていますが、実際の手紙ではここまでのユーモアを盛り込む必要はないかもしれません。ただ、大事にしてもらいたいのは、手紙を書く上でのスタンスです。

たとえば、最初に見てもらった例文の手紙を書いている人の心の動きは、

(取引先のAさんが入院したみたいだから、社会人の礼儀として手紙を送らなければならないなぁ……ちょっと面倒だなぁ。とりあえずインターネットで文面を調べて出しておけば大丈夫か……)

というノルマをこなすようなスタンスであるのに対し、after の手紙は

（Aさんが入院したのか。きっと入院中は一人で心細いし楽しいことも少ないだろうから、元気づけたいなぁ……どんな内容の手紙だと元気になってくれるだろうか……）

と、相手を喜ばせようという意識が働いていることです。この気持ちを持って文章を書いていけば、たとえユーモアを使わずとも相手を元気づける手紙を書くことができるでしょう。

ところでユーモアに関して、after の手紙では「愛嬌」以外にも使われている技術として

具体的な映像を思い浮かべて細部(ディテール)を描写する

があります。

冒頭の、

同僚の熊谷から教えてもらい「なんでもっと早く言わないんだっ！」と、熊谷を一喝しているところです。

や、

Aさんが退院していたとしても、病院のナースさんに「Aさんの寝ていたベッドどれ!?」と聞いて、「君が病気のAさんを支えてたベッドか！　ご苦労様ぁ！」と頬ずりしに行く所存です。

も、具体的な映像を思い浮かべ細部を描写してくことで文章をユーモラスにしていきます。

それでは、この技術のイメージをつかむために、「追伸」の部分に注目してみましょう。

追伸　私の独断と偏見で、Aさんに気に入っていただけそうな本を送らせていただきました。もしつまらなかったら、次回お会いするときその本で私の頬を思い切りひっぱたいてください。

この部分を普通に書くとしたら、次のような文章になるでしょう。

追伸　私の独断と偏見で、Ａさんが気に入ってくれるであろう本を送らせていただきました。もしつまらなかったらすみません。

しかしこれだと面白みがないので、Ａさんがその本を読んでつまらないという状況の具体的な映像を思い浮かべてみましょう。ベッドの上に寝そべって本を読んでいるＡさん。「つまらないな」と思ったあと、どんな行動を取るでしょうか。after の文章では「私の頬をひっぱたいてください」としていますが、たとえばＡさんの隣のベッドにも患者の方がいる状況（映像）を思い浮かべられたら

もしつまらなかったら、隣のベッドの人とお見舞い品の物々交換に使ってください。

などという内容を思いつくことができるかもしれません。
もしくは、Ａさんが看護師と話している映像を思い浮かべることができれば

もしつまらなかったら――はい、実はそうなった場合を想定して、今、女性に一番

人気のある作家の本にしておきました。検診の看護師さんをナンパする際に使用してください。

などと発想することもできます。

文章におけるユーモアを伸ばしたい人は、「具体的な映像を思い浮かべて細部を描写する」ことを意識してみましょう。

第九章　まとめ

- 手紙のユーモアでは、「愛嬌」を演出する。
- 「愛嬌」は、相手を気遣いながら本音を出すことで生まれる。
- 気まずい状況でも、うまく「本音」を挿入することで空気を緩和することができる。
- 自分の書いたユーモアが相手にとってネガティブな印象を与えないか、相手の立場に立って検証する。
- 具体的な映像を思い浮かべて細部を描写することで、ユーモラスな文章を生み出すことができる。

第十章

『謝罪の手紙』

相手の怒りの矛先《ほこさき》をすべて想像する

相手に大きな迷惑をかけてしまい、直接の面会が難しい場面などでは、直筆の謝罪の手紙が効果を発揮します。また、実際に会って謝罪する場合でも直筆の手紙を持参することで誠意を伝えることができます。

ただ、私自身も過去に何度も謝罪の手紙を出した経験がありますが、あの手紙を書いている時間は本当につらいものです。そして、謝罪の手紙の技術をマスターしたからといってあのつらさが無くなるわけではありません。繰り返しますが、相手の心をつかむために必要なのは、本音の思いです。その意味で、謝罪の手紙はこちらが苦しめば苦しむほど良いものが書けると言えます。苦しみを避けることなく、苦しみながら技術を駆使し、迷惑をかける前よりも相手との距離を縮められるような手紙に仕上げていきましょう。

ただ「謝罪」とはいえ、これまで学んできたこととまったく違う考え方をするわけではありません。というのも、謝罪とは、こちらの「許してもらいたい」というリクエストを相手に受け入れてもらう行為だからです。これまで学んだ手紙の書き方と同様に、「相手の立場に立ち」「相手が望んでいること」を想像することから始めてみましょう。

それでは次の文章をご覧ください。

これは、仕事の打ち合わせに遅刻してしまい、相手が怒ってもう会いたくないと言っている状況での謝罪の手紙です。課題を見つけてみましょう。

拝啓　A株式会社の後藤祐一です。先日の打ち合わせに遅刻してしまった件、大変申し訳ありませんでした。御社での会議がいかに大事な案件であるかは部下にきつく言っておいたのですが、スケジュールの確認を怠っていたようで、多大なご迷惑をおかけしてしまいました。

このような状況でありながら、次のご提案をさせていただくのは厚顔無恥ではあると思いますが、万が一にも可能性がありましたら今一度お話しする機会をいただけないでしょうか。

このたびはご迷惑をおかけしたことを重ねてお詫び申し上げます。

敬具

この文章には、謝罪をする上で「やってはいけないこと」がいくつか含まれていますが、その中でも特に避けねばならないのは、

「言い訳」

です。例文では、表面上は謝りながらも「部下に問題があった」という言い訳をしていますが、このように責任逃れをしてしまうと、「この人は反省していないのでは？」と思

われてしまい逆効果です（そもそも、「申し訳ない」という言葉には「言い訳のしようがない」という意味が含まれています）。実際には自分以外の人に原因があったのだとしても、そこはぐっとこらえ、自分に責任があるとして誠心誠意謝罪しましょう。

加えて、謝罪をする上で重要なポイントがあるのですが、その点について学べる手紙を紹介します。これは、芥川龍之介が徳田秋声に送った手紙で、芥川が刊行した『近代日本文芸読本』に徳田の作品を無断で掲載してしまったことを謝罪した文章です。

冠省　昨日は失礼いたしました。あれから早速興文社へ参り、お詫びに参るように申しつけました。これももとは小生の粗忽に出ている事を思ふと何とも申し訳ありません。どうか小生の行き届かなかつた事は平に御高恕を願ひます。その上新年号御執筆の御多忙中をいろいろ御迷惑をかけた事も甚だ恐縮に存じて居ります。いづれお暇になり次第改めて御挨拶に参上する事としとりあへずこの手紙を認めました。

十一月五日　　頓首

徳田末雄様　侍史

芥川龍之介

※参考文献『徳田秋聲全集　別巻』徳田秋聲著　八木書店

当時は文芸誌を発刊する際、他の作家の既出作品を掲載することは一般的に行われていたようですが、芥川は平身低頭に謝罪する姿勢を見せています。

そして、注目してもらいたいのは次の一文です。

その上新年号御執筆の御多忙中をいろいろ御迷惑をかけた事も甚だ恐縮に存じて居ります。

ここで芥川は、徳田の作品を無断で掲載したことだけではなく、「執筆中の忙しいときにこんな騒ぎを起こしたこと」についても謝罪しています。これは謝罪の手紙において重要な姿勢です。

謝罪の手紙を書く際は、次のことを大事にしてください。

相手の立場に立ち、あらゆる角度から相手の怒りを想像する

先ほどの例文で、相手が怒っているであろうポイントは

・依頼されてわざわざ時間を作ったにもかかわらず、遅刻してきた
・この打ち合わせを作ったことで、他の予定を入れられなかった
・不快な気分を味わった

などが考えられます。これらのすべての点に対して謝罪していきましょう。

さて、しかし、謝罪の手紙だからといって、ひたすら謝罪をしていれば良いというものではありません。

たとえばあなたが飲食店で食事をしているとき、あなたの器を床に落としてしまった店員が、申し訳なさそうな顔で延々と謝罪を続けていたらどんな気持ちになるでしょうか。

そうされるくらいなら、謝罪をしたあとは前向きな姿勢を見せ「ご迷惑かけたのでサービスです」と、ちょっとしたものを出してくれる人に好感を覚えるでしょう。

謝罪をひたすら続けることが、相手にとってサービスにならない場合があります。人は、卑屈な態度を見るのを好まないからです。

そこで、しっかりと謝罪をしたあとは、前向きに「何をして償《つぐな》えるか」ということを提案してみましょう。

それでは、after の文章をご覧ください。

After

拝啓　A株式会社営業部の後藤祐一でございます。先日の打ち合わせに大遅刻してしまった件、大変申し訳ありませんでした。私の方から時間を作っていただくよう打診したにもかかわらず遅れてしまうという大失態は、社会人として本当に情けない気持ちで一杯です。そして、B様の貴重なお時間を奪い、不快な気持ちにさせてしまいましたこと、深くお詫び申し上げます。私は過去に御社の○○に助けられたご恩があるにもかかわらず、その恩を仇で返すようなことをしてしまい、本当に申し訳ありません。

今回の失態後、すぐに社内のスケジュール管理システムを入れ替え、二度とこのようなご迷惑をおかけしないための体制を整えました。このような状況で次のことを言うと再びお怒りを買ってしまうかもしれませんが、今回の失態を、口先だけではなく、具体的に償わせていただくための場を、万が一にもいただけたとしたらそれ以上の喜びはありません。今回持参する予定だった計画書を今一度見直し、さらに御社にとって利益の出る形にてご提案させていただきたく考えております。

このたびはご迷惑をおかけしたことを重ね重ねお詫び申し上げます。大変申し訳ありませんでした。

敬具

解説

まず、冒頭で謝罪の言葉を述べた上で、相手の立場に立ち、相手が自分に対して怒りを向けている矛先に関して一つ一つ謝罪をしています。

そして、できるかぎりの謝罪をしたあとは、「社内のスケジュール管理システムを入れ替え」、失敗した原因を解消するために行動を起こしたことを伝えています。こうした姿勢は、「失敗したことを深く反省している」と受け取ってもらえる可能性があります（もちろん、単に書くだけでなく、実際に行動を起こしている必要があります）。

そこまでした上で、この手紙では今回の失敗を償うために、相手に利益が出るような提案をしたいと伝えています。

そして、最後は再び謝罪して終わります。ここで「重ね重ねお詫び申し上げます」のあとに「申し訳ありませんでした」と続けるのは文法上の問題があるかもしれませんが、「お詫びします」という言葉は、相手に面と向かって謝罪する「申し訳ありません」に比べて気持ちがこもっていないように感じるので、私はこのように書くことが多いです。ここでもやはり、手紙の形式にこだわるのではなく、自分の気持ちを相手に伝えることにこだわる姿勢を持ちましょう。

第十章　まとめ

- 謝罪の手紙では、言い訳をしない。
- 謝罪の手紙では、相手の立場に立って怒りの矛先をすべて想像し、一つ一つ謝罪していく。
- 相手に迷惑をかけた原因を突き止め、その原因を解消するための具体的な行動を取ったことを伝える。
- ひたすら謝ることは相手へのサービスになっていない場合がある。失敗を挽回する方法を考えて提案する。

第十一章

『ラブレター』

パートナーへの手紙は「永遠の愛」を言い換える

今回は異性へのラブレターの書き方を見ていきますが、現代社会において、直筆のラブレターが効果を発揮するのはどのような場面でしょうか？

まだ通信機器が発達していなかった時代では、好きな相手に対して手紙を送ることが主流でしたが、現代ではほとんど面識のない人に対してラブレターを送るのは不自然な印象を与えてしまう可能性があります。

では、直筆のラブレターを書く場面がないかというとそういうわけではなく、特に効果を発揮するのは、長く付き合っている恋人やパートナーへの愛情を伝える手紙です。

こういった手紙は、直筆で送る人自体が少ないので、手紙を書くだけで相手に喜んでもらえます。また、ラブレターを書くことは、パートナーの魅力を具体的に思い出す行為でもあるので、パートナーへの愛情が深まるという効果もあります。ラブレターの書き方を学ぶことに恥ずかしさを感じる人も、ぜひ前向きに取り組んでみてください。

それでは次の文章をご覧ください。これは、三年間交際中の恋人のＡさん(女性)へ贈る誕生日プレゼントに添えた手紙です。課題を見つけてみましょう。

Aへ。誕生日おめでとう。

今年もこうしてAの誕生日を祝えてうれしいです。誕生日プレゼントは、前からAが欲しがっていた○○（プレゼント内容）にしました。前に一緒に行ったお店で売り切れていたので色んなお店を回ったのですが、見つからなくてかなり焦りました（笑）。

これからも今までどおり相思相愛な感じでいけたらうれしいです。

ハッピーバースデー、A！


恋人の誕生日を祝い、直筆の手紙を書いている点では誠実な人だと思われますが、この手紙にはいくつかの課題が見受けられます。

まず、この手紙には、差出人の「誕生日を祝うために頑張った自分を褒めてほしい」という気持ちが滲み出てしまっています。そして、これはプレゼントを贈るときなどにやってしまいがちな失敗なので注意が必要です。たとえば次の一文、

誕生日プレゼントは、前からAが欲しがっていた○○にしました。

ですが、これはAさんがプレゼントを見れば分かることなので、わざわざ書くのは「野暮」というものです。そして、続く文章

――――

前に一緒に行ったお店で売り切れていたので色んなお店を回ったのですが、見つからなくてかなり焦りました（笑）。

――――

相手のために陰ながらした努力は、つい知ってもらいたくなるものですが、それを伝えないのが「粋《いき》」であり、相手に感動してもらえます。

そして、最後の一文にも問題があります。

――――

これからも今までどおり相思相愛な感じでいけたらうれしいです。

――――

ここで使われている「相思相愛」という言葉は、相手が自分を好きだということを前提にしてしまっている言葉なので、相手へのサービスになっていません。卑屈になる必要はありませんが、「あなたは僕のことをどう思っているか分からないけど、僕はあなたが好きだ」というメッセージの方が相手を喜ばせることができます。

それでは、今からラブレターの素晴らしい例を紹介します。これは第四十代米国大統領を務めたロナルド・レーガンが、バレンタインデーに妻のナンシーに送った手紙です。

親愛なるママ・プーへ

世間では2月14日をヴァレンタイン・デーと呼んでいるが、それは普通の運にしか恵まれなかった者たちの話だ。

僕は「ヴァレンタイン・ライフ」を送っている。それは1952年3月4日に始まり、君がいるかぎりいつまでも続く。

※レーガンは3月4日にナンシーと結婚した

それを大切に思う僕の気持ちを汲んで、たった今から永遠に僕のヴァレンタインになってもらえないだろうか。僕の選択肢が限られているのは知ってのとおり。ヴァレンタイン・ライフか、無か、どちらかしかない。君を心から愛しているから。

パパ

※参考文献『世界でいちばん愛しい人へ　大統領から妻への最高のラブレター』ロナルド・レーガン　ナンシー・レーガン著　金原瑞人　中村浩美訳　PHP研究所

この手紙はヴァレンタイン・デーが一日しかないことにちなんで、「デー」を「ライフ」と言い換えるなど、お洒落な表現が使われていますが、この手紙には「ラブレター」における重要なポイントがあります。

それは

「あなたのことが、ずっと好きである」

ということを伝えていることです。つまり、ラブレターでは、先ほどの例文のように自分がいかに頑張っているかを書くのではなく、

「あなたのことがずっと好きだ」

という、相手に対する「永遠の愛」を色々な表現で言い換えていくことが大事なのです。

その点に関して、素晴らしい演出をしているのが次の手紙です。これは病床にあるスティーブ・ジョブズが20周年の結婚記念日に、妻に宛てた手紙です。

20年前は、お互い、あまりよく知らなかったよね。あのころ僕らは自分の心に導か

れていた。僕は一目で君に夢中になったんだ。アワニーで結婚したとき、外は雪が舞っていたね。月日が流れ、子どもたちが生まれた。いいときも厳しいときもあった。でも悪いときはなかった。僕らの愛も敬意も時の流れに耐えて成長した。ふたりで本当にいろいろなことを経験してきたね。そしていま、僕らは、20年前にふたりで歩きはじめた場所に戻ってきた——年をとり、賢くなって——顔にも心にもたくさんのしわを刻んでね。僕らは人生の喜びも苦しみも秘め事も驚きもたくさん経験して、その上でこうして一緒にいるんだ。

僕は今も君に夢中だ。

※参考文献『スティーブ・ジョブズⅡ』ウォルター・アイザックソン著　井口耕二訳　講談社

パートナーに送るラブレターでは、「あなたへの愛は永遠である」というメッセージを軸にしながら、お互いしか知り得ない、具体的な内容を盛り込むことで相手を感動させることができるでしょう。

それでは、after の文章をご覧ください。

After

Aへ。誕生日おめでとう。

今年もこうしてAの誕生日を祝うことができて、僕は本当に幸せです。できれば来年も、再来年も、再々来年も、再々々来年も祝いたいですし、Aから「もう祝わなくていい！」と言われたとしても、その口に○○（プレゼント内容）を押し込んで黙らせて、僕が「ハッピーバースデー、ディアA～♪」と歌いながら持ってきたバースデーケーキのろうそくを、君は鼻息で消すことになります（口がふさがっているのでね）。それくらい、もう、ずっとAの誕生日を祝い続けたいのです。

なぜなら、君は年々魅力的になってしまうので、来年の今頃は確実に今より君のことを好きになってしまっているので、今のうちに来年の誕生日を予約しておきたいのです。

というわけで、今年の誕生日から、「Aに惚れ直した瞬間ランキング」を始めさせてもらうことになりました。一年間で僕がAに惚れ直した瞬間をランキング形式でお送りし、毎年誕生日にランキングが変動し、いつかそのランキングを編集したものを発表できればと思います。

「今年一年間で僕がAに惚れ直した瞬間ランキング」

第3位　仙台駅でのA

仙台に旅行に行ったとき、僕がキップを買い間違えて1時間以上待たなければならなくなったとき、Aが「――ってことはもう1回牛タン食べれるってこと？」と嬉しそうに笑ってくれたのですが、あのとき「実は、この子は天使なんじゃないか？」と疑い始めました。

第2位　突然、英語を勉強し始めたA

部屋にいるとき、突然「英語が話せるようになりたい～」と言って違う部屋で勉強し始めましたが、様子を見に行ったら参考書を開いたまま熟睡していたときのAが可愛すぎました。

第1位　胸さすりしてくれたときのA

今年の9月に、仕事を抱えすぎて眠れなくなっていたとき、君は突然僕の胸をさすり始めましたが、あれをされたときすごく落ち着いて、「この子は確実に天使だ。これは、天使の力を使っていただけているのだ……」と感動して泣きそうになりました（あのときは本当に助かりました。ありがとう）。

これからもずっと、君の隣で君の魅力を見つけ続けたいです。

誕生日おめでとう、A

解説

この手紙では色々な言い回しをしていますが、すべての表現は「君のことがずっと好きだ」ということの言い換えになっています。

冒頭では「これからずっとあなたの誕生日を祝いたい」ということを伝え、さらにユーモアの章で学んだ「具体的な映像を思い浮かべて細部を描写する」を使って文章を展開しています。

そのあとの流れでは、

「今年の誕生日から、『Aに惚れ直した瞬間ランキング』を始めさせてもらうことになりました」

とありますが、この手法をそのままの形で取り入れるのではなく、

「感謝・感動のポイントはできるだけ具体的に書く」の派生だととらえましょう。

この手紙では、「相手の魅力をできるだけ具体的に、多く書きたい」という思いが先にあり、その演出法として「ランキング」という発想をしています。

つまり、この演出を使わずとも、たとえば

『「この手紙を書いている今、時計を見たら夜の8時なので、君の魅力を8個書きます」として8個書いておいて、『8個では全然足りませんでした。よくよく考えたら夜の8時は20時なので、20個書きます』』

など、その場の状況や相手との関係性の中で、様々な演出があり得るということです。

このように、技術の「核」となる部分をおさえておき、その場その場の状況に応じてアドリブで文章を書くことで、あなたにしか書けない手紙を作ることができます。そして、そのような手紙――自分の頭に汗をかいて書く手紙――こそが、相手を感動させる力を持つのです。

そして手紙の最後は、

「これからもずっと一緒にいたい」

という内容の言葉で締めくくっています。これも重要なポイントですが、相手を感動させる手紙では、途中でユーモアを挟むのはかまいませんが、最後はしっかりと愛を伝えることを心がけてください。中には「照れくさい」と感じて最後にユーモアを使って茶化してしまう人もいますが、それは相手へのサービスになりません。最後は真顔で愛を伝えてもらうことを、相手は望んでいます。

第十一章　まとめ

- ラブレターでは、相手のためにした苦労を一切見せない方が喜ばれる。
- ラブレターでは、「あなたのことがずっと好きだ」という内容を言い換えて表現する。
- 技術の「核」となる部分をおさえ、その場その場の状況に応じてアドリブを考えることで相手を感動させる手紙を書くことができる。
- 最後は照れずに、真顔で愛を伝える。

第十二章

『感謝の手紙』

手紙に隠された、人生を変える力

結婚式や母の日、父の日などに、両親や恩師に感謝の手紙を書くことは、受け取る相手以上に、自分にとって大きな意味があります。たとえば、ペンシルバニア大学の心理学者、セリグマン博士は「誰かに感謝の手紙を書いて届けることは、自分の幸福度を上げる」という研究結果を発表しています。そして、これは実際に経験すると実感できることですが、感謝の手紙を書いたあとは胸が温かくなり、深い幸せを感じることができます。

しかし、感謝の手紙を書くことには、それ以上の深い意味があるのです。

2002年の2月、私は学生時代から所属していたプロダクションを辞めることになったのですが、それは、仕事で立て続けに問題を起こしてプロダクションに大きな迷惑をかけてしまったことが原因でした。そのあと、自分なりに、どうしてこのような状況になってしまったのかを考えたのですが、その理由は「物事を自分中心に考えすぎていて、周囲のスタッフやお客さんのことが考えられていなかった」ということに思い至りました。

ただ、通常であれば、そのことに気づいたからといってすぐに行動を起こせなかったかもしれません。しかし当時、大学の同期はみな企業に就職している中、自分だけが定職もなく、今後どうやって生計を立てていくのか、そもそも自分は仕事で結果を出せるようになれるのか、強い不安を抱いていました。そこで「とにかく今の自分を変えられることは何でもやってみよう」と決意し、自分本位な性格を克服するために、「人の役に立つこと」を思いつくままに実行することにしたのです。私自身、ボランティアというのはずっと偽善的な行為だと感じて嫌だったのですが、このとき初めて経験してみました。また、友人に会うたびに「何か困っていることはないか」とたずね、「いや、困っているのはお前の人生の方だろう」と笑われたりもしました。しかし、とにかく思いつくかぎりの「誰かのためになること」を実行していったのです。

そして、その行動の一つに

「両親に感謝の手紙を書く」

ということがありました。昔読んだ本に、そのことの重要性が書かれていたのを覚えていたのですが、そんなことをするのは恥ずかしいし、気味悪がられるだけだと思っていました。また、私は両親と仲が良かったわけではないので、そんな手紙を書く自分はまったく想像できませんでした。しかし、このときは、なりふりかまっていられない状況だったので、思い切って手紙を書いてみることにしたのです。

その結果、信じられないほどの変化を経験することになりました。

経営者の人がよく「仕事ができるようになるために、まず親孝行をしなさい」と言いますが、そして、その言葉は何度も耳にしたことがあったのですが、このとき、初めてこの言葉の意味を理解することができました。

そもそも人は、誰かを喜ばせたいという「愛情」を心の奥に持っています。しかし、その気持ちは「恥ずかしい」とか「他人に優越したい」とか「怒り」などの感情によって阻害されてしまっており、その原因の多くが両親との関係にあるのです。

しかし思い切ってその殻を破ることで、自分の奥底にある自然な欲求――「人を喜ばせたい」「人を愛し、愛されたい」という欲求――を素直に表現できるようになります。本来それは、人にとって「気持ちの良いこと」なのです。そして、感謝の手紙を書くことを通してそのことに気づけた私は、これまで以上にどんな仕事も楽しめるようになり、人を喜ばせるためのアイデアもどんどん生まれてくるようになりました。また、それ以降の人生で、人間関係で深く悩むということはほとんどなくなったのです。

「感謝」という言葉を聞くと、道徳的な雰囲気があり、上から押しつけられている感じがする人も大勢いると思いますが、ぜひ、感謝の手紙を書いて自分の心の変化を経験していただけたらと思います。もし両親の反応が望ましいものでなかったとしても、感謝の気持ちを文章にすること自体に大きな意味があります。また、すでに両親を亡くされている方も、実際に投函はせずとも亡くなった両親へ感謝の手紙を書くことで、心の奥にある確執を整理する効果があると言われています。ぜひ取り組んでみてください。

それでは実際に感謝の手紙の書き方を見ていくわけですが、いきなり感謝の手紙を両親に送りつけても、「どうして突然こんな手紙を送ってきたんだろう」と不自然な感じがしてしまいます。また、「不信感を持たれるんじゃないか」という不安によって、感謝の手紙を書く動機が失われてしまうのは本当にもったいないことです。そこで、まずはこの不自然さを解消する方法を見ていきましょう。この技術を身につければ、両親や、長い間やりとりをしていなかった知人に対しても、自然な形で手紙を送ることができます。

では、どうすれば「突然手紙を出す不自然さ」を解消できるのかということですが、その方法を一言で言うと、

手紙を送ることに対して、相手が納得するような「口実《こうじつ》」を言う

です。

たとえば突然、母親に手紙を送るとしたら、母親が納得する「口実」とは、どんなものになるでしょうか？　ここで時間を取って考えてみてください。

これは、今、自分が置かれている状況によって様々な内容が考えられますが、母親が納得する口実は、たとえば次のようなものになるでしょう。

・「会社の同僚がお母さんに親孝行した話を聞いて、私はお母さんに感謝の気持ちを伝えられていないことに気づいた」
・「テレビ番組で、親孝行できずにお母さんを亡くしてしまった人のドキュメンタリーを見てどうしても手紙を書きたくなった」
・「手紙の書き方について勉強しているとき、これまで一度もお母さんに手紙を書いていないことに気づいた」

ここで、まったくのウソをつく必要はありません。自分の手紙を出したいと思ったタイミングと心境に沿いながら、母親が「ああ、そんな気持ちになるのも分かるな」と納得してもらえそうなことを書けば大丈夫です。第一章で学んだ、相手目線から自分の手紙を見て、相手の警戒心を解くイメージで書き始めてみましょう。

では具体的な内容を見ていきますが、次の例文をご覧ください。

拝啓　突然のお手紙、驚かせてすみません。先日、母の日がありましたが、いつも花を贈るだけだったのでたまにはこうして手紙を書いてみたいと思ったのです。また、

ちょうど学生時代の同窓会があって、昔を振り返っているうちに色々なことを思い出して、伝えられてないことに気づいたので書くことにしました。

今までお母さんには本当にたくさん迷惑をかけてしまいましたが、その中でも一番迷惑をかけてしまったのが大学を休学したときです。あのときは、お母さんとひどいケンカをしてしまいました。お母さんは、きっと私のことを心配してくれていたのにその気持ちが分かりませんでした。本当にごめんなさい。

今の仕事は大変なことやうまくいかないこともありますが、なんとかやっていきます。お母さんも体に気をつけてできるだけ長生きしてください。哲夫おじさんとは最近会ってますか？　おじさんもきっと寂しいと思うので仲良くしてあげてください。

それではまたお正月に戻ったときにでもゆっくり話しましょう。

敬具

手紙の冒頭で「不自然さの解消」はうまくいっているように思います。続く文章で、大学休学という具体的な話を始めている点も良いでしょう。しかし、本文の感謝の核となる部分では、「感謝・感動」の内容が弱く、謝罪の手紙のような雰囲気になってしまっています。

ではここで、母親の立場に立ち、彼女が言われたらうれしいことは何であるか考えてみましょう。

きっと、多くの母親が子どもに言ってもらいたいことは、

・人知れず苦労していたこと

ではないでしょうか。

母親が自分を育ててくれる際に、一人で頑張ったり苦労したポイントを想像して、感謝の気持ちを伝えてみましょう。さらに、成長して大人になった今だから理解できる母親の気持ちや行動を書いていけば、深い感動を与えることができるはずです。

また、母親の立場に立ったとき、例文の内容で気になるのは次の一文です。

今の仕事は大変なこともうまくいかないこともありますが

手紙の送り主は今、実際に仕事で苦労しているのでしょうが、こうした言葉は相手を心

配させてしまうかもしれません。もちろん、本当につらいときは母親を頼ることも大事ですが、「感謝の気持ちを伝えて喜ばせる」手紙では、相手を心配させてしまうような文章は避けましょう。

そしてもう一点、次の文章にも少し問題があります。

哲夫おじさんとは最近会ってますか？　おじさんもきっと寂しいと思うので仲良くしてあげてください。

この手紙では、哲夫おじさんと母親があまり仲良くないという設定ですが、家族への手紙でやってしまいがちな失敗は、相手に何か要求してしまうということです。関係性が近いゆえにサービスに徹しきれないということですが、相手に要求してしまうと感動が薄まってしまうので注意しましょう。

これらの点を踏まえながら、after の文章をご覧ください。

After

拝啓　突然のお手紙、驚かせてすみません。こういう手紙を出したことがないのでどう書いていいか分からないのですが、実は先日、大学の同窓会があり、初めて東京で一人暮らしを始めたときのことを思い出して、どうしてもお母さんに伝えたいことがあるので手紙を送らせていただきました（本当に突然ごめんなさい。でも、今書いておかないとこのまま一生伝えられずに終わってしまうんじゃないかと思ったので）。

私がお母さんに伝えたいことは、「学生時代から今日に至るまで本当にたくさん迷惑をかけてしまったけど、育ててくれてありがとう」ということです。

私は最近、仕事でようやく部下もでき社会人生活も充実し始めていますが、仕事が忙しくてなかなか他のことをする時間が作れません。でもお母さんは、毎日、朝からスーパーで働きながら、女手一つで私を育ててくれました。それはもう本当に並大抵の苦労ではなかったということが、今、働くという経験をしてやっと知ることができました。本当にありがとうございます。

今でも覚えているのが、夕食のとき、私が唐揚げとか餃子とかを食べているのをニコニコしながら見ているのに、自分はメインのおかずにはほとんど箸をつけず、冷蔵庫の残り物やお漬け物ですませていたことです。私が小学生のとき「なんでいつも残り物ばっかり食べてるの？」と何も考えずに聞いてしまったことがあるのですが、お母さんが色々な出費を抑えて家計を助けてくれていたことに気づきませんでした。そういう苦労をして私を東京の大学まで行かせてくれたのに、私はそのことに全然気づいていなくて、大学を休学したいと言い出しました。あのときはお母さんと大喧嘩になってしまいましたが、お母さんが私のためにしてくれたことが分かっていたら、もっと違う言い方ができていたと思います。そして、そんな私が大学に復学して卒業するまで支えてくれたことを、本当に感謝しています。お母さんにしてもらったことをこれから少しずつ恩返ししていきたいので、私にできることがあったら本当に遠慮せず（本当に！）言ってください。今、取引先で旅行会社の人たちとお仕事をする機会があり、国内旅行に関してすごく詳しくなったので、ぜひ今度一緒に温泉に行きましょう。

それではお仕事などあまり無理せず、お体ご自愛ください。お母さんが私を育ててくれた分の恩返しをするにはたくさん時間が必要なので、できるだけ長生きしてもらわないと困ります。お正月には実家の方に戻れると思うので、ゆっくりお話しできたらうれしいです。

敬具

解説

まず冒頭では、「大学の同窓会があり、初めて東京で一人暮らしを始めたときのことを思い出した」という口実で、突然手紙を書く不自然さをうまく払拭しています。そして続く文章では、母親の立場に立ち、「自分を育てるとき、どんな苦労をしたのだろうか」ということを想像し、具体的に書いています。さらに、「仕事の忙しさを経験した今だから分かる」という流れで、母親の苦労に寄り添っています。

また、夕食のときの母親が残り物ばかり食べていたという、古い記憶をもとに感謝している箇所ですが、母親にとっては、「昔の自分の行動を覚えてくれている」こと自体がうれしいので感動してもらえるはずです。

そして後半は、母親を喜ばせるための提案をしています。ここでは、実際に母親を思い浮かべながら、何をしたら喜んでくれるかを考えてみましょう。

afterの手紙を読んでもらえれば分かると思いますが、特に難しい技術を使っているわけではありません。母親の立場に立ち、過去を振り返りながら、具体的な場面に感謝していくことで、必ず感動してもらえる手紙になります。やはり最大のハードルは、「手紙を出す」という行動にあると思います。いきなり手紙を書くのが難しいという人も、母の日や誕生日などの記念日を口実にして、感謝の手紙を送ってみましょう。

第十二章　まとめ

- 感謝の手紙を書くことは、自分の幸福度を上げる。
- 感謝の手紙を書くことで、自分が本来の持っている愛情を自然と表に出すことができるようになり、仕事や他者に対する姿勢が変わる。
- 突然、感謝の手紙を送ることの不自然さを払拭するために、冒頭で相手が納得できる口実を言う。
- 相手への要求は一切せず、感謝の言葉だけを伝える。
- 相手が人知れずしてきた苦労への感謝を伝える。
- 相手に関する過去の出来事を思い出して書くことで、相手を喜ばせることができる。

最終章

『遺書』

最高の手紙を書き続けるために、エゴではなく愛を選ぶ

これまで本書では、様々な場面における手紙の書き方を見てきました。

ただ、ここまで読み進められた方であればすでにお気づきだと思いますが、どんな場面においても手紙のコミュニケーションは、

「相手の立場に立ち、相手を喜ばせる」

この一言に集約されます。

そしてこの言葉は、手紙に限らず、仕事や人間関係を向上させるための基本原則であり、どこかで耳にしたことがある人も多いと思います。

では、どうしてこの言葉は、色々な場所で、繰り返し語られてきたのでしょうか。

それは、

実践するのが難しいから

です。

もし簡単に実行できてしまうものなら、「相手の立場に立つ」という言葉はこれほどまでに強調されることはなかったでしょう。実践するのが難しいからこそ、「大事なこと」として繰り返し語られる必要があったのです。

人間は放っておくと、どうしても自分中心の考えになり、自分を喜ばせることを優先してしまいます。こうした「エゴ」と、相手を喜ばせるという「愛」は、いつも互いに引き合っている綱引きのような関係にあります。そして、相手を喜ばせる手紙を書くためには、いつのまにかエゴに引っ張られてしまう文章を、相手への愛にあふれた内容に直していく必要があるのです。

本書でお伝えした「手紙の技術」をすべてマスターしたとしても、次に書く一通の手紙が相手を喜ばせるものになるという保証はどこにもありません。むしろ「もうすべての技術を学んだから大丈夫だ」という気の緩みは、「エゴ」に引っ張られている証拠でもあり、手紙のクオリティを低めていくでしょう。

今から、一通の手紙を紹介します。

これは、イギリスの探検家、ロバート・スコットが書いた手紙で、彼は1912年1月17日に南極点に到達しましたが、人類初の南極点到達を競っていたロアルド・アムンゼンに少しだけ遅れをとってしまいました。人類初の南極点到達を逃したスコットは、失意のまま引き返しましたが、その道のりの途中で遭難してしまいます。そしてこの手紙は、遭難したスコットが迫りくる死の直前に書いた、妻に宛てた手紙です。

最愛のきみへ

ぼくたちは非常に苦しい状況にあり、無事生還できるかどうかも分からない。短い昼食時間にかろうじて暖を取りつつ、ありうる結末を迎える準備として手紙を書くことにした。最初の手紙はもちろんきみに書く。僕の身に何かあったとき、これだけは知っておいてほしい。ぼくにとってきみがどれほど大切な存在かということを。君との楽しい思い出を胸に僕は……。

ただ、これから書く事実を慰めにしてもらいたいんだ。ぼくは痛みをまったく感じず、健康で元気なままこの世界から解き放たれるはずだ。そうなることはもう目に見えている。食料は底をつきかけ、次の補給所まであと少しというところで動けずにいる。だからぼくが苦しみ抜いたなどと思わないでくれ――

※参考文献　『注目すべき125通の手紙　その時代に生きた人々の記憶』ショーン・アッシャー編　北川玲訳　創元社

スコットは、死を前にしてもなお、自分の死の知らせを聞くであろう妻を悲しませないために、「痛みをまったく感じず」「元気なまま死ぬ」ことを強調しています。

人類初の南極点到達に敗れ、さらに遭難してしまうという不運に見舞われ死ななければならない状況で、それでもなお、妻を気遣いながら手紙を書く姿勢には感服せざるを得ません。

この本を読み終えたあなたは、これから直筆の手紙を書く様々な機会があるでしょう。そのとき、手紙を書くのを面倒に感じたり、「この程度で良いだろう」と相手を喜ばせる気持ちがおざなりになることもあるかもしれません。しかし、そんなときこそ、このスコットの書いた手紙を思い出し、人を喜ばせるという美しい姿勢を取り戻してください。

そして最終章である今回は、そのことを忘れないために

「遺書」

を取り上げます。

あなたがパートナーより先に亡くならねばならなくなったとき、遺《のこ》していくパートナーにどんな手紙を送ることができるでしょうか?

それでは、次の例文をご覧ください。

優子へ
私が死んだら次のことを頼む。
・葬式はできるだけ簡素に済ませ、骨は赤城山に散骨すること
・書庫の本は図書館に寄贈すること
・庭の木は4月中に剪定《せんてい》すること
・宗一郎にはお金の援助はしないこと
生前、お前には色々迷惑をかけた。特に、酒を飲んで見境がなくなったことはすまなかったと思っている。もう少し健康に気をつけていれば、こんなことにもならなかったかもしれない。

お前は健康に気をつけて長生きしてほしい。

死が間近に迫っている状況で、自分以外の人に配慮するのは困難な作業になるでしょう。その意味で、こういった手紙を遺すこと自体、パートナーに喜んでもらえるはずです。しかし、さらにそこから踏み込んで、パートナーに深く感動してもらえる手紙にするにはどうしたら良いか考えてみましょう。

まず大事なのは、相手に「感謝・感動」の気持ちを伝えることです。例文では、パートナーに対する感謝の言葉がありません。できるだけ具体的に「感謝・感動」の言葉を伝えましょう。

また、「色々迷惑をかけた」という後悔の気持ちを文章にしていますが、こういった内容は「あなたのために〇〇してあげられなかったことを後悔している」という、相手を喜ばせる方向で表現する必要があります。

もしかしたら、例文の手紙を書いた男性は、これまでパートナーに温かい言葉をかけてこなかった人なのかもしれません。しかし、こういった人こそ、最期の手紙で愛情のこもった言葉を伝えることで、パートナーに深い感動を与えることができるのです。

ここで一通の手紙を紹介します。これは、ジャーナリストの大橋恭彦《やすひこ》が、女優で妻の沢村貞子に宛てた手紙です。

別れの言葉

死別の会話をカッコよくなどという気はないが、多分、臨終の枕辺にいてくれるだろう妻の手を握って、「永いこと苦労かけました、ありがとう」では、めっぽう永かった私たち二人の、五十年近い暮らしの、最後の別れの言葉にしては、なんとも味気ない気がして物足らない。

案外「楽しかったなあ」のひと言しか言えないで、あとは年甲斐もなく泣き出したまま呼吸《いき》を引きとるかも知れない、と思ったり、このところ、なにゆえかしきりに終末の日のことばかり考えている。

わたしに、こんな楽しい老後があるとは思っていなかった。あなたにめぐり逢えたということ、そして二人で寄り添って生きてきたこと、いろいろな苦労があったけれど、わたしは幸せだった。

（中略）

生来、愚鈍な上に学もない、貧しくて小心な落ちこぼれ人間でしかなかった私が、戦後、無一文のどん底から、なんとか生きのびてこられたのは、ただひとり、貞子という心やさしく、聡明な女性にめぐり逢えたからである。

その意味で、これは、一人のハンパ人間が、思いもかけぬ幸運に恵まれた（ある果報者の軌跡）といえるかも知れない。……ありがとう。

※参考文献『日本人の手紙　遺書』紀田順一郎監修　リブリオ出版

この手紙は、大橋から妻の貞子へ直接手渡されたわけではありません。大橋の死後、貞子は偶然この手紙を見つけ、泣き崩れたといいます。

手紙の内容から推測すると、大橋は生前、温かい言葉を気軽に口にするタイプではなかったように思われます。そして、だからこそ、この手紙に記された温かいメッセージはパートナーを深く感動させることになったのです。

これは、誕生日などに行われるサプライズの構造に近いものがあるかもしれません。普通にプレゼントを渡すのではなく、用意していないふりをしておいて渡した方が感動を生むように、パートナーが思いもよらなかった温かい言葉を伝えることで、深い感動を呼ぶことができます。最期の手紙では、これまでパートナーに対する愛情を口にしてこなかった人にこそ、具体的な言葉で愛情を表現してもらえたらと思います。
それではここで、個別の内容を見ていきましょう。最期の手紙で、パートナーを喜ばせることのできる内容としてどんなものが考えられるでしょうか？

最期の手紙でパートナーを喜ばせることのできる内容は、たとえば次のようなものになるでしょう。

- パートナーへの感謝
- パートナーに会えて良かったということ
- 今まで伝えることができなかったこと
- パートナーの未来を気遣う言葉

順に見ていきましょう。

「パートナーへの感謝」

最期の手紙ではパートナーへの感謝を伝えていくことになりますが、「人生の多くを自分と一緒に過ごしてくれたこと」「長年自分を支えてくれたこと」など、他の誰でもなく、パートナーだからこそ感謝できる内容を考えてみましょう。

「パートナーに会えて良かったということ」

第十一章で、「ラブレターは『あなたのことがずっと好きだ』の言い換えである」としましたが、最期の手紙は、「あなたに会えて良かった」の言い換えであると言えます。もちろん、一緒に過ごした日々の中では、ケンカをしたりつらい出来事もあったと思いますが、そういった内容も、たとえば「ケンカもしたけれど、自分の思っていることを素直に言えたのはあなただけだった」などと「あなたに会えて良かった」というメッセージを盛り上げるために使いましょう。

「今まで伝えることができなかったこと」

「今まで言えなかったけど、実はこんなことを考えていた」「あなたに対して、実はこんな気持ちを持っていた」という告白にはサプライズの効果があり、相手を喜ばせることができます。

「パートナーの未来を気遣う言葉」

自分がこの世を去ったあとも、パートナーには残された人生があります。その人生を気遣う言葉は、パートナーへの素晴らしい愛情表現になるでしょう。

それではこれらの点に注意しながら、after の文章をご覧ください。

After

優子へ

今、病院のベッドの上でこの手紙を書いています。

あまりこういう手紙を書いたことがなくどう書いたらいいのか分からないのだけど、いつあの世に旅立ってしまうのか分からないので、こうして意識のあるうちに手紙を書いておこうと思いました。

私があなたと初めて会ったのは春の季節で、桜が咲き始めたころでした。最初にあなたを見たときの印象は、「写真よりもずっと綺麗な人だ」というものでした。肌が綺麗で瞳の奥が澄んでいて、美しい人だと思いました。

ただ、実をいうと、最初、私はあのお見合いをするつもりはなかったのです。私は特に女性に人気があったわけでもありませんが、当時、結婚するのはやはり恋愛でという気持ちがどこかにありました。

しかし両家の両親が盛り上がったこともあって、縁談はとんとん拍子で進み、私はあなたのことをあまり知らないまま結婚することになりました。

あなたと一緒に過ごすようになってから分かったのは、あなたはすごく優しい人だということです。私の体調に合わせてさりげなく献立を変えてくれたり、家に連れてきた職場の同僚にも気を遣ってくれたり……。

そして、私はそんなあなたの優しさに甘え続けてきました。食べるものも着るものも贅沢をさせてあげられず、結婚記念日も一度旅行に行ったきりでした。そして、あの旅行で、あなたが「手をつないで歩きたい」と言ったのを私は照れて断ってしまいました。あれ以降、あなたはそういったことを言わなくなりましたが、今、どうしてあのとき手をつないでおかなかったのだろうと深く後悔しています。今となっては、もう、あなたと手をつないで外を歩くことができないからです。そして、あのような過ちを繰り返さないよう、まだ息のあるうちに、あなたに伝えておきたいことがあります。

私は、あなたほど人を好きになったことはありません。

私は、あなたの瞳の美しさが好きです。たまに、庭の草木や野良猫に話しかけているあなたの可愛さが好きです。私がどんな失敗をしても微笑んでくれる、あなたの優しさが好きです。もし、今の私が32年前の、あの春の日の自分に会うことができるなら、家の前でお見合いに行こうかどうか迷っている自分の胸倉をつかんで言うでしょう。「絶対にこのお見合いに行け」と。「お前は今日、人生最高の出会いをすることになるんだ」と。

今、あなたがこの手紙を読んでいるということは、私はもう、旅立ってしまっているのだと思います。私がいなくなったあと、あなたは残りの人生を思う存分楽しんでください。あなたはまだまだ美しいのだから、新たなパートナーとの出会いもあると思います。

ただ、最後に一つだけ、私のわがままが許されるなら、

来世では、また、あなたと夫婦になりたいです。

解説

この手紙では、まず、お見合いに対して持っていたネガティブな感情を伝え、後半に「お見合いで人生最高の出会いをすることになる」と逆転させることで、「あなたに会えて良かった」というメッセージをサプライズにしています。

またこの文章では、後悔していることとして「手をつながなかったこと」――つまり相手に愛情ある振る舞いができなかったことを伝えています。このような後悔の内容は、相手を感動させることができます。

続いて、「同じような過ちを繰り返さないために」という流れで、パートナーへの愛情を伝えています。パートナーに魅力を感じている部分を具体的に書いているのも重要なポイントです。

そして最後は、自分が世を去ったあともパートナーが残りの人生を楽しめるように配慮する内容が書かれています。

――実際に死を前にした場合、このように相手を喜ばせる文章を構成するのは非常に困難な作業になるでしょう。しかし、それゆえに、自分の死後も人を喜ばせようと努力する姿勢は、最も美しい愛の形であると言えます。

最終章　まとめ

・コミュニケーションの原則は、「相手の立場に立ち、相手を喜ばせる」という一言に集約される。

・愛は常にエゴに引っ張られている。手紙を書くときは、「この程度で良いだろう」となおざりにするのではなく、「もっと良くなるのではないか」と考え、より相手を喜ばせる内容へ改良し続ける。

・パートナーへの愛情を口にしてこなかった人こそ、最期の手紙で具体的に愛情を伝えることで、パートナーを深く感動させることができる。

・後悔の気持ちを伝える場合は、「愛情のある振る舞いができなかったことへの後悔」を表現することで相手を喜ばせることができる。

・最初に与えたネガティブな印象を後半に逆転させることで、相手をサプライズして喜ばせることができる。

・自分の死後も人を喜ばせようと努力する姿勢は、最も美しい愛の形である。

あなたへ

拝啓　せっかく手紙の本を書いているので、「あとがき」は僕からあなたへ手紙を送らせていただきたいと思います。ただ、ここで突然「直筆」にすることで「あ、水野ってこんな字書くんだー」という印象の方が勝ってしまい、なんなら「あんまり説得力のある字じゃねーな」的な感想を持たれてしまい、これまで書いてきた内容が薄まってしまう可能性すらあるわけですが、もう、そこは賭けですね。「やっぱり最後は直感だろう」という直感を優先することにしました。

まず、何よりお伝えしなければならないのは、「この本を最後まで読んでいただいて本当に感謝しています」ということです。

この本は、僕が書いた19冊目の本になります。最初の本を出してから10年以上、本を書く仕事を続けてくることができたのは、本を読んでくれるあなたのおかげです。僕は文章を書くことが大好きなので、本当に感謝しています。ありがとうございます。

僕が本を出したいと思ったのは、

2002年の2月のことでした。当時の自分からすると、今、こうして本を書いているということ、そしてその内容が手紙の書き方という、文章の技術に関わるものだということは、奇跡でしかありません。

今、僕の手元に、ある文章がありまます。これは、自分の本を出そうと決めてから、企画を出版社に持ち込んだものの見向きもされず「このまま一生、本を出すことはできないんじゃないか」と不安だったとき、自分を奮い立たせるために「いつか本を出すことができたら、こんなあとがきを書きたい」と思って書いた文章です（少し恥ずかしいですが、当時書いたものをそのまま載せてみます）。

僕が、この本を出したいと思ったのは、25歳の時です。

「死ぬまでに、願い事が1つだけかなうとしたら？」

僕は、この本を出すことだと思いました。

ある心理学書にこんな話がありました。

「ある事を実現するモチベーションが劣等感を克服するためだとしたら、一生劣等感に悩まされる」

自分の努力のモチベーションは劣等感や不安であると知っていただけに、僕は更に不安になりました。

ある人の自伝にこんな話がありました。

「成功するために最も必要なのは、無根拠な自信である」

常に自分に自信の持てなかった僕は、更に自信を失いました。

僕が持っていたのは、人がうらやむような才能ではなく、理想とあまりにかけ離れている現実の自分に対する、不安だけでした。

それでも、僕は、自分にしかできない、何か、大きな仕事があるのではないか、そう信じたかったのです。

この本を通じて言いたかったこと。それは、「理想の自分になるために必要なことは、意志だけだ」と言うことです。才能も、自信も、何も必要ありません。必要なのは、そうなりたいという思いだけなのです。

自分を過小評価し、常に、理想の自分になれるか不安で、それでも、自分の夢をかなえたいと願っている人。僕は、そんな人の背中を押してあげられるような人間になりたかった。そんな本を出したかった。

それが、僕の夢でした。

本を出したいと思っていた頃の僕は
こんな文章を書いてしまうくらい、
自分の能力に自信がありません

でした。そして実際に、今、当時書いた文章を読み返してみると、恥ずかしくて読み進められないほど未熟なものです。

それでも僕が本を書くことを仕事にすることができたのは、この本で繰り返し言ってきた文章の特性「相手に見せる前に何度直しても良い」ということを忠実に実行してきた結果にすぎません。そして、自分の持つ能力を疑い、自分に自信を持てない僕が、唯一自信を持って言えるのは、この「直す」という作業を誰よりも愛しているということです。

なぜなら、もし、僕があなたと直接会って話したとしたら、あなたは僕のことを好きになってくれないかもしれません。僕の雰囲気や、外見や、声の調子など、「直せない」部分がたくさんあるからです。

でも、文章は違います。あなたに喜んでもらいたいという思いさえあればどこまでも、どこまでも直していくことができます。もし、あなたが、僕の書く文章を好きだと言ってくれるのだとしたら、それは僕に文章を書く才能があるからではなく、単純に僕はあなたのことが好きで、あなたから愛されたくて、文章を直し続けてきたからです。

本書では、手紙に関する様々な技術を紹介してきました。しかし、これらの技術はあくまで道具にすぎません。まず、何よりも大事にしてもらいたいのは、相手への「思い」です。相手を喜ばせたいという思い、そして、相手から愛されたいという思いがあれば、文章は必ずその思いを形にしてくれます。それが手紙というコミュニケーションの持つ、唯一無二の素晴らしさだと思います。

２００２年に抱いた、本のあとがきにこんな文章を載せたいという夢はこの本によってかなえることができました。僕の夢をかなえてくれて

ありがとうございます。そして、僕の
新たな夢は、この本によって、あなたが
手紙を書くという習慣を持ち、
今まで以上に豊かで充実した、素晴
らしい人生を送り始めるという
ことです。
あなたの、今後のさらなるご発展
とご活躍を、お祈りしています。
敬具

水野敬也

水野敬也（みずのけいや）

愛知県生まれ。慶應義塾大学経済学部卒。処女作『ウケる技術』がベストセラーに。4作目の著書『夢をかなえるゾウ』は220万部を突破し現在も版を重ねている。他の著書に『人生はニャンとかなる！』『偉人たちの最高の名言に田辺画伯が絵を描いた。』『雨の日も、晴れ男』『四つ話のクローバー』『大金星』ほか、作画・鉄拳の作品に『それでも僕は夢を見る』『あなたの物語』『もしも悩みがなかったら』がある。また恋愛体育教師・水野愛也として、著書『LOVE理論』『スパルタ婚活塾』、講演DVD『スパルタ恋愛塾』や、DVD作品『温厚な上司の怒らせ方』の企画・脚本、映画『イン・ザ・ヒーロー』の脚本を手掛けるなど活動は多岐にわたる。

公式ブログ「ウケる日記」
http://ameblo.jp/mizunokeiya/
Twitter アカウント　@mizunokeiya

たった一通の手紙が、人生を変える

2015年12月7日　第一刷発行

アートディレクション　寄藤文平
装丁　寄藤文平＋北谷彩夏（文平銀座）
リサーチ　水越由美子
協力　伊藤源二郎　植谷聖也　大橋弘祐
大場君人　下松幸樹　菅原実優　須藤裕亮
竹岡義樹　芳賀愛　林田玲奈　樋口裕二
古川愛　前川智子　宮本沙織
編集　谷綾子
発行者　山本周嗣
発行所　株式会社文響社
〒一〇五-〇〇〇一 東京都港区虎ノ門一-十一-一
ホームページ　http://bunkyosha.com
お問い合わせ　info@bunkyosha.com
印刷　三松堂株式会社
製本　大口製本印刷株式会社

ISBN コード：978-4-905073-28-4　Printed in Japan
この本に関するご意見・ご感想をお寄せいただく場合は、郵送またはメール（info@bunkyosha.com）にてお送りください。
JASRAC 出　1513309-501